IMA MANAGEMENT ARIES

·管理列·

企业经营分析

揭秘商业本质，提升管理效益

龚莉、黄怡琴◎著

人民邮电出版社

北 京

图书在版编目（CIP）数据

企业经营分析：揭秘商业本质，提升管理效益 / 龚莉，黄怡琴著. -- 北京：人民邮电出版社，2022.5
（管理会计能力提升与企业高质量发展系列）
ISBN 978-7-115-58729-9

Ⅰ. ①企⋯ Ⅱ. ①龚⋯ ②黄⋯ Ⅲ. ①企业经营管理 Ⅳ. ①F272.3

中国版本图书馆CIP数据核字(2022)第032893号

内 容 提 要

初步的财务数据、指标分析虽然可以暴露问题，但哪些是根本原因、是真正的问题所在是很难发现的。在复杂多变的经营环境下，只有全面系统的商业分析才能让经营分析者对变化心中有数，提前做好相应的对策。本书作者长期协助企业找寻经营问题、制定改善措施，将其间形成的管理改善的闭环过程和成果凝聚成文字，全面涵盖企业战略、采购、生产、销售、项目管理等企业经营的重点环节。希望可以通过传递过往的经验和启示，帮助读者找到企业经营的真正问题所在，通过科学的对策达到提升管理效益的目的。为了便于读者理解书中的内容，我们还附赠了本书的重难点内容讲解视频课，读者扫描书中的二维码即可观看。

本书内容充实，贴近实务，适合企业的中高级财务人员及所有想要学习企业经营分析的读者阅读。

◆ 著　　　　龚　莉　黄怡琴
　　责任编辑　刘晓莹
　　责任印制　周昇亮
◆ 人民邮电出版社出版发行　　北京市丰台区成寿寺路 11 号
　　邮编　100164　　电子邮件　315@ptpress.com.cn
　　网址　https://www.ptpress.com.cn
　　固安县铭成印刷有限公司印刷
◆ 开本：700×1000　1/16
　　印张：18　　　　　　　　2022 年 5 月第 1 版
　　字数：259 千字　　　　　2025 年 1 月河北第 16 次印刷

定价：79.80 元

读者服务热线：(010)81055296　印装质量热线：(010)81055316
反盗版热线：(010)81055315
广告经营许可证：京东市监广登字 20170147 号

管理会计能力提升与企业高质量发展系列丛书
编委会

序

管理会计师对于企业的财务健康至关重要，他们不仅是价值的守护者，更是价值的创造者。随着可持续发展日益受到重视，企业从关注利润增长转向提升多个利益相关者的利益，管理会计师在维护和提升企业声誉方面承担着重任。与此同时，数字化时代下，企业在战略规划、创新和风险管理等领域也对管理会计提出了更高的要求。提升管理会计师的能力素质已成为企业发展的重中之重。

《IMA管理会计能力素质框架》是IMA管理会计师协会基于市场和行业趋势变化，经过深入研究和全面分析管理会计行业所面临的挑战，围绕管理会计师所必备的能力素质提出的指导性实用体系，不仅有助于个人提升职业竞争力，还能帮助组织全面评估、培养和管理财会人员队伍。IMA此次与人民邮电出版社合作，正是基于这一框架开发了管理会计能力提升与企业高质量发展系列图书，结合中国本土实践，对数字化时代下管理会计师所需的知识与技能进行了详细讲解。各类企业，不论是国有企业、私营企业还是跨国企业，其管理者和财会人士都必定会从本系列图书中直接获益。

本系列图书的作者既包括国内深耕管理会计多年的高校财会专业教授，又包括实战经验丰富的企业财务掌门人与机构精英。同时，IMA还诚邀多位知名企业财务高管成立实务界编委会，为图书策划和写作提供真知

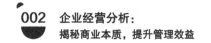

灼见。在此，我谨代表 IMA 管理会计师协会，向本系列图书的作者、实务界编委、人民邮电出版社以及 IMA 项目团队的成员表示感谢！我们希望通过本系列图书的出版及相关宣传活动，大力推动中国本土管理会计实践的发展，助力企业和中国经济高质量发展！

IMA 管理会计师协会总裁兼首席执行官

杰弗里·汤姆森

2022 年 3 月 28 日

在学习和实践中提升管理会计能力

中国管理会计理论和实践自 2014 年以来进入快速发展轨道，各种管理会计工具方法在微观层面企事业单位的应用，正在日益加速、拓宽和深入，在企业转型升级、全社会高质量发展进程中发挥着重要作用。

当今社会信息技术迅猛发展，会计职业在互联网、大数据、人工智能等新技术业态的推动和加持下，信息采集、核算循环、数据存储、整合表达等方面持续发生变革，为管理会计在企业广泛运用和助力企业价值增长，奠定更坚实的算力基础、更有效的管理和决策支持。

随着《财政部关于全面推进管理会计体系建设的指导意见》以及《管理会计应用指引》等一系列规范指南的陆续出台，管理会计人才培养体系的建设和管理会计的应用推广，得到各界高度重视。应当看到，从目前中国管理会计发展情况看，管理会计师作为会计领域的中高端人才，在企事业单位仍存在着巨大缺口，庞大的财务和会计人员队伍，面临着关键职能转型压力：从核算型会计转向管理型会计。

IMA 管理会计师协会 2016 年发布《IMA 管理会计能力素质框架》，在管理会计领域广受认可，广为好评，被视为权威、科学、完整的技能评估、职业发展和人才管理标准，为中国及其他国家管理会计能力培养体系的构建提供了重要参考。这个框架文件在 2019 年得到重要的更新升级。

为加快促进中国管理会计体系建设，加强管理会计国际交流与合作，实现取长补短、融会贯通，IMA 与人民邮电出版社共同策划、启动管理会计能力提升与企业高质量发展系列丛书项目。该丛书设计以《IMA 管理会计能力素质框架》为基础，结合中国管理会计实际发展需求，以管理会计队伍能力提升为目标，以企业管理需求为导向，同时兼顾会计专业教育和研究。

本套丛书分为两期建设。第一期八本，选题内容覆盖和涉及管理会计从业人员工作中需要的各项能力，力求理论与实务兼备，既包含实务工作中常见问题的解决方法，也有经典的理论知识阐述，可帮助管理会计从业人员学习和完善自身各项能力，也能为积极推进转型的财务人员提供科学的路径。

在图书作者配置方面，体现学术界和实务界合作。本套丛书的作者均在管理会计领域深耕多年，既有理论深厚、指导体系完备的高校资深导师，又有紧贴一线前沿、实战经验丰富的企事业单位负责人，合力打造国内首套内容权威、体系完整、贴近实务的管理会计能力提升新形态知识图书，在弥补市场空白的基础上推动企业管理会计人才建设及人才培养，促进企业提质增效。

作为新形态管理会计专业读物，本套丛书具备以下三大特点：

第一，理论与实务兼备。本套丛书将经典的管理会计理论与企业财务管理、经营发展相结合，内容均是从实践中来，再回归到实践中去，力求让读者通过阅读本套丛书对自身工作有所得、有所悟，从而提升自身工作实践水平。

第二，体系完备。本套丛书选题均提炼自《IMA 管理会计能力素质框架》，每本图书的内容都对应着专项管理会计必备能力，让读者体系化地学习管理会计各项知识、培养各项能力，科学地实现自我提升。

第三，形态新颖。本套丛书中大部分内容配套以微视频课程，均由作者精心制作，可让读者有立体化的阅读体验，更好地理解图书中的重难点内容。

　　天下之事，虑之贵详，行之贵力。管理会计具有极强的管理实践性，既要求广大财务从业人士学习掌握理论知识，还要积极转变传统财务思维，将理论运用于实践，进一步推动财务与业务融合，更好地助力企业高质量、可持续发展。本套丛书不仅是一系列优质、有影响力的内容创作与传播，更是为财务行业发展及人才培养提供智力支持和战略助力。我们希望与广大读者共同努力，系统、全面地构建符合中国本土特色的管理会计知识体系，大力促进中国管理会计行业发展，为企业高质量发展和中国经济转型做出积极贡献。

北京大学光华管理学院教授 王立彦

IMA 管理会计师协会副总裁、中国区首席代表 李刚

2022 年春于北京

前 言

在最初做咨询顾问的时候，我就经常被企业问到如下问题：

经营分析报告有没有固定模板，拿出来分享一下？

经营分析应该分析哪些内容呢？

为什么财务有这么多人，但没有经营分析人才呢？

经营分析也在做但并没有什么效果是怎么回事？

经营分析到底能给企业带来什么价值？

对于这些问题的思考和探讨，一直贯穿了我十多年的咨询生涯。早期我参加企业经营分析会时，总被企业高管们热火朝天争论的场景震撼到，那个时候我以为财务数据、指标背后折射出来的问题，被拿出来探讨，就能说明经营分析的价值，经营分析透过数字暴露问题就可以了。

但后来我发现，初步的财务数据、指标分析虽然可以暴露问题，但哪些根因才是真正的问题所在是很难发现的。如果企业就很多问题表象进行全方位的改善，不仅会耗费大量的管理精力、成本，而且头痛医头、脚痛医脚地把自己折腾一遍，企业往往会陷入更差的整体绩效状况中，甚至还会出现相互指责、推诿的现象。焦虑的管理者们忙活了半天，发现是"瞎忙"；一些经营分析会上，管理者们把问题剖析得头头是道，提出的改善措施也振奋人心，但会后一切照旧，企业的问题越积越厚，一旦发展速度放缓，问题便汹涌地冒出来，管理者常常被动地陷入"掐脖子"般的艰难决策中，久而久之，企业易失去活力，变得固化进而陷入困顿状况，此时再谈改变，企业上下都将缺乏信心和动力。

在实际中遇到的这些困境，督促着我陪伴企业一起不断地尝试、创新、犯错、总结，在一个个企业具体的经营场景下，找到一些分析的思路和视角，协助企业发现根本原因、制定改善措施，形成管理改善的闭环，并且将实践过程和成果凝聚成一套实用的模型和手册，从而获得了一个又一个的成功改善的案例。因此本书介绍的一些方法，并不是拍脑袋、拍大腿，通过想象编纂出来的，而是我作为一名咨询师，在长年陪伴企业解决问题的过程中，经过实践的锤炼和时间的考验，选出的有代表性的案例，书中的内容都是被验证过的真实有效的方法和工具。因篇幅所限，无法面面俱到，不全之处，请读者理解包涵。

在本书的写作中，我用第三方咨询师看待企业问题的视角客观地总结所见所闻，传递过往的经验和启示，希望帮助读者找到共鸣和可以借鉴的部分。本书不仅适合从事管理会计工作的人士阅读，也适合所有经营管理者，以及为做好各种数据分析、汇报资料犯愁的职场新人阅读。

在执笔本书的过程中，疫情、全球经济不景气等事件不断地冲击着很多企业的日常运营，但让我感慨万分的是，我接触到的中国企业家们，都在用开放、共享、灵活调整的心态和思维，拥抱各种突如其来的危机。市场瞬息万变，他们没有满足现状、停滞不前，而是更兢兢业业，努力寻求新知，力求把企业带到更高水平，持续地创造价值，永续经营。他们的勇敢和智慧给了我非常多的启发，他们对待客户、供应商、员工等的态度让我十分尊敬，在和他们反复的交流和合作中，我感觉越来越靠近对商业本质的理解，越来越对中国企业的蓬勃发展充满信心，感谢这个时代，感谢可敬的他们。

龚莉于 2021 年 12 月

目 录

▼
▼

1 第1章
新商业环境下的经营分析变化

2 第2章
企业战略和经营分析

3 第3章
采购业务的经营分析

4 第4章
生产业务的经营分析

5 第5章
销售业务的经营分析

6 第6章
产品研发管理的经营分析

7 第7章

经营分析结果的汇报方法

8 第8章
企业经营分析人才的培养

新商业环境下的经营分析变化

扫码即可观看
本章微视频课程

➤ 从一个案例说起：

　　A 公司是一家汽车供应链细分市场上的龙头企业。新冠肺炎疫情对汽车行业产生了巨大的冲击，A 公司 2020 年 3 月的订单量出现断崖式的下滑，仅为去年同期的 40%。A 公司原计划在 3 月投资建设一条新的生产线，生产线的投资约在 8,000 万元。在此情况下，A 公司召开了高管会议，商议是否按原计划投资建设新生产线。

　　财务总监提出，希望市场部对未来一年的销售量进行重新预测，从而重新计量和评估新生产线的内含报酬率。

　　销售总监表示反对，认为未来一年的销售量无法预测。首先，经济大环境对汽车行业的影响程度尚不够清晰；其次，各大汽车主机厂（即整车制造公司，为 A 公司的客户）新发布的销售预测也仅仅更新了 3 月的数据，目前并没有发布 3 月以后的预测数据。由于客户的预测数据没有更新，他们无法对未来一年的销售量进行预测。

　　生产总监认为，应暂缓投资所有新生产线，因为订单量下滑后，现有的生产线可能都存在产能过剩。

　　研发总监认为，新生产线代表了新技术，无论现有销售情况如何，公司应提前进行战略布局。

　　由于每个人从自己的角度出发提出了合理的观点，且谁也不能说服谁，所以最终未能达成有效的决议。

　　想一想：如果你是 A 公司的董事长，你会做出怎样的决策呢？作为这项决策的最终制定者和结果承担者，你将如何在不确定环境下分配稀缺资源？

VUCA 时代商业运营
面临更高挑战

当今世界局势和生活的多变，让我们对 VUCA[①] 时代有了切身的体会。这个时代的特征就是 **Volatility**（易变性）、**Uncertainty**（不确定性）、**Complexity**（复杂性）、**Ambiguity**（模糊性）。

一位大型企业的生产总监非常坦诚地说："以前我们要是做新生产线的投资决策，都是拍脑袋的。因为当时汽车行业处于上升趋势，我们的订单只会越来越多，所以只要扩大投资，总会回本。只是有的项目实现盈利的速度快一点，有的慢一点。现在你让我拍脑袋做决策，我不敢做了。我看不清楚未来，如果做错了决策，很可能损失惨重，给企业带来巨大损失。"他说出了当下很多商业管理者的心声。

在过去的几十年，企业做决策时，只要把握经济发展趋势，凭经验往往能成功。然而最近几年，一方面经济发展速度放缓，另一方面各个行业都面临更为激烈的竞争，企业不能再拍脑袋做决策，而应科学理性地做决策，否则容易在竞争中被淘汰。

黑天鹅[②] 事件引发了蝴蝶效应。比如 A 公司不仅面临订单量下滑，而且汽车主机厂客户为了生存，纷纷缩短研发生产周期，加速新车型的上市，导致 A 公司的所有生产计划和人员安排要重新调整。现在实业界提出"柔

---

① VUCA 概念起源于 20 世纪 90 年代的美国军方，指的是在冷战结束后出现的多边世界，其特征比以往任何时候都复杂和不确定。

② 黑天鹅事件是指十分难以预测但是又会产生重大影响的事件。

性生产""柔性预算"，目的是应对未知的、不确定的、复杂的环境。商业管理者需要不断地学习，否则美国三大车企的困境就是前车之鉴。

表 1-1 说明了 VUCA 时代下的商业运营场景的特征。

表 1-1 VUCA 时代下的商业运营场景的特征

VUCA 时代的特征	商业场景事件
Volatility（易变性）	事件一：突发事件导致关键零部件无法进口，企业停产
Uncertainty（不确定性）	事件二：国内宏观经济波动导致行业的市场前景不够明朗
Complexity（复杂性）	事件三：新冠肺炎疫情导致海外的订单量下滑，海外工厂运营困难
Ambiguity（模糊性）	事件四：开发了新产品，但新品销售量达不到预期目标，原因未知

也许读者看到表 1-1 后会反问："事件二为什么不对应'复杂性'，事件四为什么不对应'不确定性'？"事实上，具体事件往往具备 VUCA 的多个特征，例如，以上事件发生后，A 公司和咨询公司一起积极探讨并采取应对手段。以下措施在实际运营中都被验证了是切实可行的。

事件一的应对手段

为应对关键零部件无法进口的问题，A 公司积极采取供应商的国产化替代措施，迅速恢复生产。同时，A 公司在平时就着手分析对关键零部件的需求，明确了关键零部件合理的安全库存数量，并做好储备工作。

事件二的应对手段

为应对行业的市场前景不够明朗的问题，A 公司开始投入大量精力搜集行业信息，获得各种研究报告信息，了解国家最新的扶持政策，积极与汽车主机厂客户沟通和实地走访。在对信息进行综合分析后，A 公司基本弄清楚了未来的行业走势，并制定了多种应急预案。

事件三的应对手段

新冠肺炎疫情导致海外订单量下滑后，A 公司走访并学习其他公司海外工厂管理的成功经验，成立了海外工厂全球支援小组，重新组织资源，以满足海外工厂的需求。A 公司还与海外工厂所在地的政府进行沟通，争取享受更多的扶持优惠政策。

事件四的应对手段

A 公司一直在开发新品，但新品销售量达不到预期目标，究竟是市场需求调研不准确、价格没有竞争力，还是新品的质量不过关？A 公司不断提出各种假设，针对每条假设，不断试验、验证、排除，直至找到问题的原因。

从以上针对四个事件的应对手段可以看到，**在瞬息万变的 VUCA 时代，好的应对方式就是培养精细化管理的敏锐思维，比竞争对手更快速有效地应对变化。**也许有很多管理者会说："未来变幻莫测，我们为什么要这么累，还不如静观其变，无论外界怎么变化，我以不变应万变。"是的，你可以选择不动，但如果危机来临，你就丧失了生存的机会。

智能制造正在改变
商业运营

近几年，市面上十分热门的管理会计咨询需求是降本增效。管理者往往看到的是订单生产来不及、产品质量上不去、工厂成本下不来的现象，干着急却无从下手。究其原因，是管理者无法获得有效的信息，无法洞悉全生产过程，无法做出正确的决策和指导。

而今，世界范围内掀起了"智能制造"的热潮。制造企业纷纷建智能样板工厂，寻求转型升级，他们寄希望于智能制造能解决以上管理问题。管理者认为，只要工厂智能化，那么订单排产就会有序，产品质量就能提升和稳定，并且内损率会大幅降低。但现实是，很多智能样板工厂无法正常使用，大量的自动化线因效率低于人工线而闲置。

无论是"工业 4.0"还是"工业互联网 +"，企业的商业运营都绕不开产品的拿单、交付、质量，工厂的成本，运营的效率等实际问题。智能制造本身并不能解决这些实际问题，但是它提供了解决这些实际问题的对策。

表 1-2 列举了采用人工线时，针对质量问题的管理重点。

表 1- 2　人工线质量问题产生的可能原因和管理对策

人工线	
质量问题产生的可能原因	管理对策
人工操作不当	上岗培训；整理和严格执行岗位操作手册
人工不熟练	经验传授

续表

人工线	
质量问题产生的可能原因	**管理对策**
……	……
可能涉及的分析和管控： 人工成本 / 人工培训费用 / 学习曲线 / 人工造成的内部质量损失等	

管理者对于人工线进行质量管控时，聚焦在提高人工效率、避免人工操作不当带来的损失上。那么人工线都变成了自动化线，问题是否就都解决了呢？

表 1-3 列举了采用自动化线时，针对质量问题的管理重点。

表 1-3　自动化线质量问题产生的可能原因和管理对策

自动化线	
质量问题产生的可能原因	**管理对策**
设备故障	设备故障原因分析；机器定期保养与维护
设备工艺落后	设备更新改造；设备升级
……	……
可能涉及的分析和管控： 设备折旧 / 设备使用率 / 设备维修和保养预算 / 设备经济寿命 / 设备投资回报测算 / 设备造成的内部质量损失等	

我们发现人工带来的问题看上去解决了，但是设备带来了新问题，而且更复杂了，如设备使用率、设备经济寿命、设备投资回报测算等都涉及专业的知识。**智能制造并没有一劳永逸地解决管理问题，而是对管理提出了新的要求。**

本章开篇的案例中，A 公司新投资的生产线是全自动化线，相比较人工线，其实际上对 A 公司的管理提出新的挑战。A 公司在决策时，必须考虑要为新生产线投入的设备管理成本。

经营分析要服务于企业的
价值创造和核心竞争力

经营分析最终服务于企业的价值创造，为经营管理者提供决策支持。我们对一些企业的管理者进行调研时，会询问："您需要哪些经营分析帮助您决策？"

有些管理者会详述自己最近的管理痛点和企业经营方面的问题，希望获得有效的信息和经营分析建议，从而找到解决思路。

有些管理者则会比较迷茫，表示自己也不清楚经营分析到底有什么用，很多决策是靠自己主动获取信息做出的。他们认为经营分析就是财务每月汇报本月的收入和利润、各个部门费用的控制情况。

还有些管理者，特别是外企的管理者，往往会说，企业的经营分析报告已经很固定了，每月各个部门会根据总部要求的模板提供分析数据，所以不需要额外提分析要求。可见经营分析和企业性质、企业发展阶段、管理者的决策习惯等紧密相关，如表 1-4 所示。

表 1-4　影响经营分析的因素

因素	具体内容
管理者的决策习惯	管理者只凭经验、直觉决策，不重视经营分析 管理者不清楚需要什么样的经营分析，经常变换分析需求 管理者会参考经营分析的结果进行决策，同时会提出自己的关注点

续表

因素	具体内容
企业发展阶段	**高速发展：** 重视业务发展超过内部管理，可能视业务的需要随机提出经营分析的需求 **成熟稳定：** 重视内部管理，有相对固定全面的分析维度和场景，定期提供经营分析
企业性质	**外企：** 根据集团总部的成熟模板进行经营分析 **国企：** 根据上级单位的要求进行经营分析 **民企：** 根据管理者的要求进行经营分析

那么企业管理者到底应该从哪些方面对经营分析提要求呢？**由于经营分析最终是为企业创造价值和增强核心竞争力而服务的，**所以管理者可以围绕这两点来提要求。

对于传统制造企业，其产品与竞争对手相比并无较大的差异，主要实施成本领先的战略。因此，成本管控能力就是传统制造企业的核心竞争力，企业经营分析的重点就是产品的全成本分析。管理者可以根据需要，对产品成本分析的颗粒度、维度提出明确要求。

对于高新技术企业，其核心竞争力来自高科技产品，因此，研发的投入和取得的预期效果就尤为重要，企业经营分析的重点就是研发费用的投入产出。管理者可以按照各产品、各项目提出深度分析研发费用的要求。

● 知识拓展

企业的价值创造和企业的核心竞争力[①]

影响企业价值的因素如下。

1. 未来增值能力

---

① 科勒 . 价值评估 : 公司价值的衡量与管理（第 4 版）[M]. 高建等 , 译 .4 版北京 : 电子工业出版社 , 2007:37−130.

企业价值受预期现金流影响，现金流受预期资本回报和增长影响。

企业只有未来有足够的潜在收益或现金流，才能满足投资者的条件。因此，企业需要问自己以下两个问题。

·企业现有投资会产生多少利润及现金流？

·预期这些利润及现金流未来的增长率是多少？达成这一目标需要多少新增投资？

2. 企业风险

投资者追求的是风险和收益的平衡。因此，投资者主要考量现有和新增投资面临的风险大小，提出识别、量化评估和应对风险的措施。

3. 企业存续期

企业存续期提醒投资者放眼于未来长期的收益，不要局限于短期现金流量的增减。投资者主要考量现有和新增投资产生的现金流能持续多长时间等。由于企业实际无法拥有无限存续期，投资者还会对企业可持续经营的期限进行评估。

企业核心竞争力是指企业通过掌握和控制内部及外部资源，加以综合利用，实现自身价值创造的综合性能力。企业管理者应该重点关注企业价值的影响因素，打造企业的核心竞争力。

＜ 案例解析 ＞

来看看管理者最需要关心什么

咨询公司向Ａ公司的员工发放了调研问卷，调研问卷的结果如图1-1所示。员工认为公司在销售、品牌和行业经营上有竞争优势，而董事长最需要关注的方面也与这三点紧密相关。这个调研结果与咨询公司的观点不谋而合。

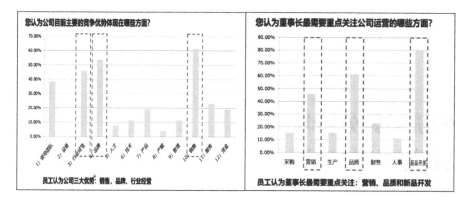

图 1-1　公司的竞争优势与董事长最需要关注的方面

我们还发现一个很有意思的现象：如果公司高管沉迷于经营细节，公司员工就会对战略方向及公司价值过于担忧，而员工的担忧方向恰恰可能是对的。很多公司的管理者可能需要反思：高管是不是在做中基层管理人员的事情，使得中基层管理人员要去思考本来属于高管思考的事情。

回到 A 公司的案例中，公司召开了高管会议，商议是否按原计划投资建设新生产线，A 公司的董事长应该如何决策呢？其实 A 公司未来的销售情况是决策时应考虑的关键的因素。董事长个人掌握了重要客户的一些核心信息，这些信息甚至连销售总监都不知道。从职能分工上来说，董事长应该和高管共享信息，并且明确公司在销售方面的战略方向、目标要求。销售总监则需要收集并整理过往公司在销售业务方面的信息，供制定战略目标时使用。

传统财务分析与经营分析的区别

看不到经营本质，就无法辅助决策

传统财务分析是以财务报表和其他资料为依据，对企业的经营成果和财务状况进行分析和评价。

传统财务分析的主要关注点。

· 资产的规模及分布；

· 负债的水平及结构；

· 权益结构及变化原因；

· 不同利润的形成原因；

· 利润的构成要素及变化趋势等。

〈 案例解析 〉

来看看传统财务分析能否有效帮助企业运营

在 A 公司的月度经营分析会上，财务总监主要汇报的是用以表 1-5 为示例的表格，按实际填充后的整体运营情况。管理层都参加了经营分析会，财务总监发出了预警：公司收入、净利润远未达到预算目标的要求。

表 1- 5 A公司的财务分析报告示例

金额单位：元

项目	年度预算	本月预算	本月预算占销售收入（%）	本月实际	本月实际占销售收入（%）	本月差异额	本月差异率（%）
销售收入							
销售成本							
税金及附加							
销售费用							
管理费用							
研发费用							
息税前利润							
财务费用							
税前利润							
所得税							
净利润							

然后，销售总监阐释新冠肺炎疫情对收入的影响，生产总监抱怨采购的材料质量不过关导致生产的损耗较大，采购总监抱怨公司的资金紧张导致无法从供应商处取得高品质的材料，财务总监抱怨销售部门催款不力导致资金紧张。一场经营分析会在互相抱怨和指责中度过。

我们可以看到，**对整体运营情况进行财务分析能够让管理层了解公司整体的经营情况，但难以辅助管理者进行日常的经营决策，更无法有效指导改善业务和实现预算目标。**

传统财务分析的弊端

·以事后分析为主的财务分析存在滞后性。尤其在瞬息万变的 VUCA 时代，滞后的财务分析对企业经营管理的作用相当有限。

·财务报表的口径及归集方式,可能不利于管理者进行有效的分析和管控。

·就财务数据本身进行分析,可能无法看到业务本质,无法预警经营存在的实际问题。

经营分析如何为决策服务

经营分析应该立足于业务具体场景,并针对具体场景的关键要素进行量化、统计和建模,从而支持业务决策和经营改善。

< 案例解析 >

来看看经营分析如何帮助决策

针对A公司是否对该生产线进行投资,财务部进行了相关的指标分析,如表1-6所示。

表1-6 A公司原来的固定资产投资分析方法

投资前	
固定资产周转率 = 收入 / 固定资产净值平均余额	80%
投资后	
固定资产周转率 = 收入预测 / 固定资产投资后的预计净值平均余额	75%
同行业对标公司的固定资产周转率	85%

财务部认为投资后运营指标值下滑,不建议进行投资。A公司高管层觉得这样的分析有问题,请咨询公司给予指导。

咨询公司指出对该生产线进行投资,应该考虑该生产线全生命周期内带来的预计收益,不能只根据对未来一年收入的影响而判断是否值得投资。

该业务具体场景为固定资产的投资决策,关键要素涵盖固定资产的原值、使用年限、运行成本、产生的价值等，如表1-7所示。

表1-7　固定资产投资涉及的关键要素

关键要素	数据统计和提供部门
新增生产线的购置金额	采购部
折旧年限	财务部
最终残值	生产部门
年运行成本（主要指电费、气费、维修费等）	生产部门和财务部
年新增人员成本	生产部门和人力资源部
预计设备使用年限内总产量（销量）	生产部门（销售部门）
设备综合利用率	生产部门
合格率	质保部
产品单位价值 产品单位变动成本	财务部
……	……

运用这些数据建模。将关键要素纳入模型，通过模型（如表1-8所示）测算出固定资产投资的核心指标（净现值、内含报酬率、投资回收期等）。管理层可以依据这些指标辅助决策。

表1-8　固定资产投资回报测算模型

项目	第0年	第1年	第2年	第N年
每年现金净流量				
每年折现后现金净流量				
累计现金净流量				
净现值（NPV）				
内含报酬率（IRR）				
投资回收期				

当设备购置、安装，并投入使用后，企业还可以根据实际的参数，计算出实际的净现值、内含报酬率、投资回收期，并通过比较（如表1-9所示），找出实际需要改善的地方。

表 1-9　固定资产投资回报验证

核心指标	购置时	实际移线时	差异值	差异原因
净现值（NPV）				
内含报酬率（IRR）				
投资回收期				

所以，经营分析的全过程可以总结为七大步骤：

· 发现业务场景；

· 确定管理目标；

· 提炼关键业务要素；

· 建模、测算；

· 拟定决策方案；

· 贯彻实施；

· 跟踪验证、持续改善。

A公司在进行数据统计和建模后，测算出该生产线投资回报的核心指标如表1-10所示。

表 1-10　A公司新生产线投资回报测算结果

固定资产投资的核心指标	A公司测算值	要求值
净现值（NPV）	34,086,704 元	>0 元
内含报酬率（IRR）	27%	大于A公司的平均资金成本率 >11%
投资回收期	3.4 年	≤ 5 年

根据表1-10中的结果，A公司管理者决定投资该生产线。A公司管理

者做出了固定资产投资决策，但经营分析远没有结束，经营分析是一个动态的过程。

上述模型里每一个变量都有可能变动，导致预测不准。例如，设备的稳定性会影响产能，技术革新会大大缩短设备使用寿命，和友商的竞争会对单个产品的价格产生下行压力。

在 VUCA 环境中需要对每一个变量进行动态的经营分析，尤其要对高敏感度的变量保持高度关注，并随时准备投入资源以应对变化。同时，对这些变量的监控也有利于我们不断积累预测经验，使经营分析更加准确。

A 公司在 8 月购入该生产线后，11 月该生产线实际投入了生产。此时，财务部对前期的投资回报测算结果进行验证，发现实际运行中该生产线的班产量远不达预期（预期班产 800 只，实际只有 600 只）、产品合格率也比较低（低于目标要求的 90%）。更新后的测算结果如表 1-11 所示。

表 1-11　A 公司新生产线投资回报验证结果

固定资产投资的核心指标	A 公司测算值	生产线投产后的实际值
净现值（NPV）	34,086,704 元	198,365 元
内部报酬率（IRR）	27%	7.8%
投资回收期	3.4 年	6.9 年

财务部公布验证结果后，公司紧急召集生产、技术、质量、采购等部门对该生产线进行整改，要求在 3 个月内改善该生产线的班产量、合格率，使得该生产线必须达到预期的回报指标。如果没有投资回报的跟踪验证，就无法暴露生产线投产后存在的问题。由此可见，**经营分析能推进闭环管理，监控经营目标的实现过程。**

经营分析的创新升级

经营分析需要服务创新

经营分析是为业务服务的。企业常常面临的经营决策如下。

· 自制或外购。

· 聘请正式工或临时工。

· 销售定价策略等。

做上述决策所需要进行的经营分析将在后文详细介绍。

伴随着企业的高速发展，企业每天遇到的问题层出不穷，原有的经营分析模型无法满足需求。本书虽然会介绍常见的业务场景和模型，供经营分析人员了解并掌握，但更希望给经营分析人员以启示，帮助其在面对业务问题时进行思考和建模，从而真正掌握分析和建模的能力。

经营分析人员要意识到，**针对业务的经营分析是不断更新的，因此要具备创新的意识和能力，这样才能真正服务、支持业务发展，帮助企业创造价值、规避风险。**

优秀的经营分析模型是由优秀的人创建出来的

经营分析人员需要深入业务、了解业务，才能够提炼出业务决策的关键要素，才能对关键要素进行量化，通过模型显示关键要素的影响程度，得出结论。这不仅要求经营分析人员提升分析和建模能力，同时也需要经营分析人员提升沟通协调能力、抗压能力、应变能力。

　　企业要重视对经营分析人员的选拔和培养，优秀的经营分析人员是企业的巨大财富。因为经营分析人员很难直接通过外聘获得，而且外聘人员要深入了解公司的业务需要相当长的时间，如果从企业内部选拔和培养人才，那么系统的方法论是必不可少的。笔者推荐企业参考 IMA 管理会计师协会发布的《IMA 管理会计能力素质框架》，这个框架系统地阐述了财务管理人员所需的能力和对应的熟练级别。本书将在最后一章介绍企业该如何培养经营分析人才。

第 2 章

企业战略和经营分析

▶ 从一个案例说起：

　　B 集团是一家新材料企业，位于新材料产业链比较集中的长三角地区。B 集团内部被划分为相对独立运营的几个子公司板块，其分别经营不同的产品线，彼此并不存在明显的协同效应。在新冠肺炎疫情发生前，B 集团发展比较稳定，年销售收入约 15 亿元。老产品（核心产品）占自身总销售收入的 80%，大约占据国内市场 30% 的市场份额，增速缓慢；新品不断研发上市，2017 年以来陆续推出了 5 种新品，但每种新品仅向几个老客户销售，每种新品都只有几千万元的销售额。

　　B 集团在 2019 年制定的战略是：逐步向老客户推广新品和在新市场推广新品，在 5 年内使 5 种新品的销售额占总销售收入的 50% 以上。B 集团请咨询公司帮助测算 5 种新品的真实盈利情况，从而帮助制定 5 种新品的销售目标和推广策略。

　　然而新冠肺炎疫情发生后，客户纷纷进行了技术升级和新的产业布局，B 集团的老产品在 5 年内面临市场销量大幅萎缩、逐步被市场淘汰的风险。这意味着，B 集团原定的战略方向需要进行重大调整。如果新品不能在短期内占领市场，B 集团将难以生存。

　　想一想：如果你是 B 集团的董事长，面临市场剧变，你该做出怎样的决策？你该如何引领企业长足发展？

企业需要对战略进行澄清

很让人吃惊的是，笔者经常在咨询工作中听到客户员工的以下心声。

"我们企业没有战略，如果有，都在领导的脑袋里，我们不需要知道企业有什么战略，领导让做什么我们就做什么。

"我们企业有战略，领导定了收入和利润目标，不过都特别难实现，领导心里也有数。反正我们会努力干，最后完不成，领导也知道我们努力了，也能接受。

"我们本来知道企业的发展方向，但领导在不停地布局，完全与业务无关。我们都不知道领导想做什么。"

原先我们咨询顾问以为，无论企业规模的大小，企业都会有战略，也许其战略没有足够的前瞻性和全局性，但至少会指明未来几年的发展目标和重点。

但实践中，我们遇到的很多企业往往存在以下问题。

一、战略不清晰

战略只是领导脑海里零零碎碎的想法，既不清晰，也缺乏连贯性和体系性，导致高管层不清楚战略方向。例如，一位财务总监主动向笔者求助，"我们领导最近让我跟他一起拜访医疗行业的资深人士，并且问我企业未来半年的资金情况，领导是想布局医疗行业吗？领导不说，我不敢多问，也不敢和别的副总讨论这件事"。

二、战略无共识

企业决策者、管理者对战略的认识存在很大偏差，决策者表述的是一个方向，管理者理解的是另外一个方向。比如，笔者访谈某企业的总经理，他说："国内的市场趋于饱和，企业未来3年要拓展东南亚市场，为此我们最近在争取产品的各种国际认证，争取提高我们在东南亚市场的成本竞争力。"然而我们访谈销售副总时，销售副总却说："国内的北方市场已经饱和，我们销售团队最近在华南地区发力。我们的产品在国外市场的竞争力不够强，现在试水情况不是很理想，未来还是要靠国内。"总经理和销售副总大相径庭的表述让我们觉得不可思议，但这真实存在。

三、战略有共识却未下达

企业决策者、高管充分了解战略，但战略属于企业的机密信息，中层及以下人员并不清楚。例如，咨询公司和生产部经理探讨一条生产线是否应该改造升级，当向生产副总汇报时，生产副总说："你们不用再管这个了。企业近期战略决定，将在四川建工厂，投建新设备生产线，现有的生产线不用考虑升级了。"但生产部经理并不知情，还花了许多时间做准备。后来咨询团队在对项目复盘时，加了一条咨询项目风险控制规定——"企业所有中层提出的具体议题必须经副总级以上确认后再开展"。否则，双方付出大量精力，最后对企业来说可能毫无意义。

以上三种情况对于企业发展而言都是很危险的。战略不清晰的企业往往发展到一定规模后，要么停滞不前，失去前进的方向；要么实际路线与预定路线偏离很大，陷入发展的困境。

< 案例解析 >

B集团的战略是否明晰

咨询公司向 B 集团管理层发放了调研问卷。问卷结果显示（如图 2-1 所示）：公司高层管理者 90%（30% "非常明晰" +60% "明晰"）认为公司的战略目标是清晰的，而中层管理者却只有 68%（8% "非常明晰" +60% "明晰"）认为公司的战略目标是清晰的。

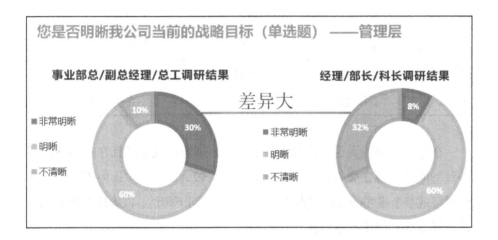

图 2-1　B 集团关于战略是否明晰的问卷调查结果

从第三方视角观察，我们认为 B 集团的高层和中层对战略的认知偏差较大，出现了战略认知断层。在自上而下的层层传递中，战略信息存在被丢失和误解的情况。

在同一个层级中，不同职能的人员对于战略的认识也可能存在偏差。我们对 B 集团负责生产和销售的两位副总进行了战略方向的访谈，得到的回答并不完全一致（如表 2-1 所示）：生产副总认为公司战略应该是细分市场的成本领先战略，而销售副总认为公司战略应该是以质量为根本的细分市场的差异化战略。这个发现很好地解释了 B 集团的日常运营中总是出现部门间掐架的情况。生产部门认为公司应该全方位降本，这样报价就更低，可以拿到更多订单。销售部门反而认为公司目标客户是高端客户，其对价格不会太敏感，应该用更好的材料和工艺满足质量要求。结果销售部门拿回订单后，生产部门以降低产品质量为代价尽可能地降低成本，导致产品被客户投诉。这也是新品很难打开市场的根源。

表 2-1　不同职能高管对战略的理解

项目	战略重心指标	生产副总	销售副总
对各部分的理解的要点	第一位	成本	质量
	第二位	质量	成本
	第三位	交付期	交付期
	目标客户	中高端客户	高端客户

在过去销售收入稳步增长的情况下，B 集团的战略尚且存在不够清晰导致的问题。现在面临的外部环境又发生了较大的变化，B 集团的高管团队亟须就整个集团的战略重点达成共识，并且向下传达，以确保全员理解，以确保 B 集团健康有序发展。

● 知识拓展

公司战略管理流程

从图 2-2 可以看出，战略管理分为战略规划、战略执行、战略评估和战略反馈四个环节，四个环节形成闭环状态。财务部门可以通过经营分析，帮助企业战略管理全流程的实施。

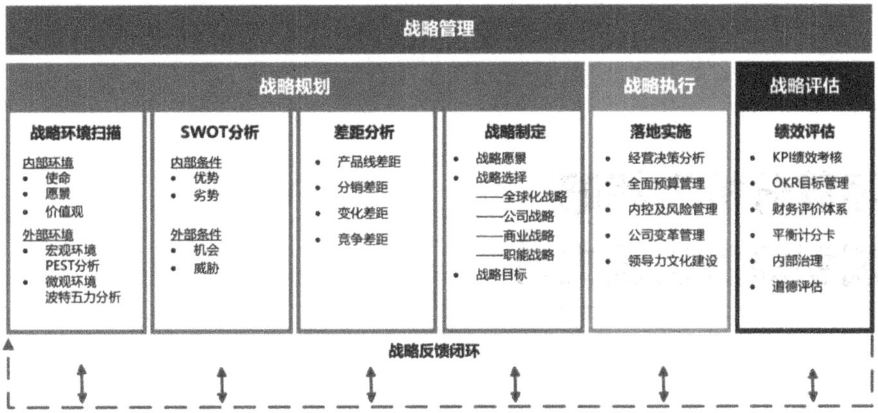

图2-2 战略管理流程

图2-2改编自IMA管理会计师协会论证的战略与竞争分析师
（CSCA）知识结构体系图。[1]

---

[1] IMA 管理会计师协会 . CSCA 在线课程 [EB/OL], 2017.

经营分析为战略
规划提供重要支持

在图 2-2 战略规划环节的各子阶段，财务部门可以根据历史运营情况及走势，对未来战略规划期内的运营形势进行预判，对公司产品的未来收入、成本等进行初步预测，为管理者提供战略相关的信息和决策建议。

经营分析在战略规划环节中能提供的帮助如表 2-2 所示。其中采购业务分析、销售业务分析等详细内容将在本书的第 3、4、5、6 章进行具体的阐述，本章侧重于介绍经营分析结果在战略制定过程中的运用。

表 2-2　经营分析在战略规划各子阶段提供的帮助

战略规划环节子阶段	经营分析涉及内容示例	为战略规划提供的帮助
战略环境扫描	销售业务分析（历史客户数量、结构以及客单价分析）等	判断客户议价能力变动，同时为未来战略规划期内销售收入的预测提供依据
	采购业务分析（历史供应商数量、结构以及采购单价分析）等	判断供应商议价能力变动，同时为未来战略规划期内采购成本控制提供依据
SWOT 分析、差距分析	产品毛利率对标分析、应收账款周转率对标分析、库存周转率对标分析等	通过对本公司以及竞争对手公司的相关对标分析，从财务角度解读差距分析结果，明确本公司产品优缺点以及经营过程中的优势与劣势，找到公司的核心竞争力

续表

战略规划环节子阶段	经营分析涉及内容示例	为战略规划提供的帮助
SWOT 分析、差距分析	对相关行业政策、财政政策进行解读等	明确未来战略规划期内,有关政策的改变对公司经营带来的机会与挑战
战略制定	财务平衡三角等	财务战略的选择

企业的内外部分析和核心竞争力的明确

如果战略不清晰,企业实际运营中就没有战略指导,容易迷失方向。特别是在 VUCA 时代,外部环境千变万化,企业若没有战略指导,日常的运营决策就缺乏头绪,并且短期做出的有利决策可能会不利于企业的长远发展。**企业只有通过科学的工具和方法进行内外部分析,明确自身的核心竞争力,才可能明确日常运营、决策的方向,才可能在激烈的竞争中持续地生存和发展。**

根据企业竞争战略的完整概念,战略应是企业"可能做的"和"能够做的"的有机组合。"可能做的"主要是对外部环境的分析,即企业面临外部环境的机会和威胁,而"能够做的"主要是对内部条件的分析,即企业自身实力的优势和劣势。

SWOT 分析工具

我们非常熟悉的 SWOT(即优势,Strength;劣势,Weakness;机会,Opportunity;威胁,Threat)分析工具,实际上就是将企业内外部各方面内容进行综合分析的一种方法。战略的制定需要非常复杂和系统化的思考过程,像 SWOT 分析这样经典的工具就给企业管理者提供了一套思考方法,让管理者有抓手,通过自身能力和外部条件的匹配,找出取得成功的关键因素,发现自身的核心竞争力。

在实务中,SWOT 分析工具的应用比较常见。虽然看起来简单,但具体操作时还是有困难,比如外界环境的变化对企业来说到底是机会还是威胁,在当下不一定能判断清楚; 企业在评估自己的优势时,容易高估自己，低估竞争对手。当然也有企业高估了竞争对手，低估了自己，从而丢失了部分市场。SWOT 分析工具实际包含着管理的大智慧。

〈 案例解析 〉

B 集团进行内外部分析时遇到的问题

通过对外部环境的分析和自身信息数据的分析，B 集团高管在充分讨论的基础上，做出了初步的 SWOT 分析，如图 2-3 所示。

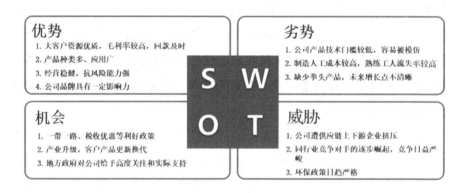

图 2-3　B 集团的 SWOT 分析

B 集团一些高管认为，未来 5 至 10 年集团的销售规模、行业地位和主要产品并不清晰，公司最严重的问题就是"缺少拳头产品，未来增长点不清晰"。但另一些高管认为公司的优势就是"产品种类多、应用广"。

围绕这一点，B 集团高管展开了异常激烈的讨论。最后大家一致同意，还是要明确公司的主要产品和增长点，因为集团的资源是有限的，如果不能集中资源拓展拳头产品，未来发展并不乐观。销售副总认为现有的 5 种新品的盈利情况并不明晰，这样在和竞争对手对标并明确自身发展方向时会带来较大的误导。

此时经营分析的结果引起了高管的关注。由于 B 集团新品之间的产线是共用的，之前成本的分摊方式比较粗放（按产品产量分摊），所以新品的毛利数据不够准确，无法真实地反映产品盈利情况。咨询公司协同 B 集团的财务、业务部门细化成本动因，对成本进行更精准的归集和分摊后，重新计算了 5 种新品的盈利情况，结果如表 2-3 所示。

表 2-3　B 集团产品销售收入占比及盈利情况

产品类别	2019 年收入（亿元）	2019 年销售收入占比	毛利率（旧）	毛利率（新）
老品	12.00	80%	25%	25%
新品 1	0.75	5%	28%	28%
新品 2	0.90	6%	32%	30%
新品 3	0.60	4%	30%	32%
新品 4	0.30	2%	29%	34%
新品 5	0.45	3%	29%	28%
合计	15.00	100%	26%	26%

可见，新品重新测算后的毛利率与之前相比差异较大。新品 2 和新品 5 的实际毛利率比之前测算的要低，而新品 3 和新品 4 的实际毛利率比之前测算的要高。

B 集团的高管在进行了充分的市场调研和前景预测后，综合新品的毛利率分析，对新品的重要性和成长性做出了研判（满分 5 分），如表 2-4 所示。

表 2-4　B 集团新品的重要性和成长性情况

产品类别	目前重要性	未来成长性	平均得分
新品 1	4.30	3.70	4.00
新品 2	4.50	4.40	4.45
新品 3	4.30	4.30	4.30
新品 4	4.10	4.80	4.45
新品 5	4.10	3.90	4.00

　　最终 B 集团明确，将新品 2 和新品 4 作为核心产品，B 集团将重点向
其投入技术资源和销售资源，向老客户推广，扩大市场份额。

重新认识财务三角模型

　　接上述案例，在未来 5 年内，B 集团老产品面临被逐步淘汰的风险。
高管就如何制定未来 5 年的收入和利润的战略目标展开了讨论。大家认识
到只有新品的市场扩张速度快于老品的市场萎缩速度，收入才能平滑增长
而不下跌。然而要支持新品市场扩张，B 集团是否应该降价、是否应接受
总体毛利率的下滑、是否应制定更宽松的信用政策呢？这就涉及财务战略
的选择。

企业财务战略和财务三角模型

　　企业的财务战略服务于企业总体战略的子战略。从企业发展的角度来
看，笔者对财务战略的相关研究进行了整理[①]，总结了四大财务战略类型的
特点，参见表 2-5。

表 2-5　企业财务战略的类型

项目	财务战略类型	高速扩张型	稳定增长型	防御型	收缩型
类型内容	融资方式	股权为主	股债混合	债权为主	无融资
	投资重心	技术研发	生产扩张	多元化	寻求被收购
	股息政策	零分红	少分红	高分红	完全分红
	重点关注	收入增长	收入增长 成本降低	成本降低	成本削减 费用削减

---

① 参考了一些对上市公司进行实证研究的文章，如荆龙姣的《财务报表分析的
扩展：财务战略类型判定》，曹玉珊的《基于可持续增长模型的企业财务战略选
择程序差异分析——来自中国上市公司的证据》。

财务战略要适应内外部环境的变化。企业总体财务战略必须着眼于企业未来的长期发展，并防范未来可能的风险。

从经营分析的角度来看，增长性、盈利性和流动性三个指标是企业应该关注的，也就是图 2-4 所示的财务三角模型。

图 2-4　财务三角模型

财务三角模型代表了企业的三个主要战略目标和能够反映这些目标的财务指标。通常，由于企业资源的稀缺性，想要在同一个时期内共同提升这三个指标是很难的，只能先集中资源提升其中的一个或两个，然后再考虑提升剩下的指标。

例如，想要实现销售收入的大幅增长，通常企业采取的手段是降低价格，这就牺牲了盈利性；如果想要在销售收入增长的同时保证一定的盈利性，那么可以采取延长客户账期的方式，但这样就牺牲了流动性指标。所以，财务三角模型体现的是三个战略目标的联动机制（此消彼长）。

影响企业财务三角模型的偏好因素有很多，包括企业发展的阶段、企业所处的行业、企业的商业模式等。比如，一个处于创业初期的企业最关注的指标无疑是增长性（即收入规模的增长）。对于这个阶段的企业而言，收入规模增长不但可以带来品牌影响力的提升，也能为企业吸引投资，从而间接保证了流动性。而盈利能力就成为被牺牲的指标，这也是很多高科技创业企业一直亏损的原因。反之，一个成熟期的企业，如钢铁企业，增长性可能是最末位的指标，企业需要优先确保流动性和盈利性。

进入互联网时代，人们一度认为财务三角模型失效了，因为很多初创企业收入、利润率和现金流都很差，企业却发展良好。投资人转而关注另外一些指标，比如日活量、会员数、点击率等。这些指标其实从另外一个角度阐述了增长性，因为在未来这些指标都将转化为企业的收入，否则这些企业将无法维持经营。互联网模式可以让这些企业在短期内不受财务三角模型的影响，但是从长远看，企业迟早要回归正常的商业运行模式。

〈 案例解析 〉

B 集团如何权衡财务战略

因为技术升级和产业布局等环境的变化，B 集团需要从过去稳定增长的战略，切换到高速扩张的战略。由于 B 集团当下的主要目标是增长，所以收入就理所应当地成为最优先确保的目标。同时，现金流也需要得到保证，以应对不断变化的商业环境。如此一来，利润率指标只能在短期内被牺牲。否则，公司将原地踏步，甚至是退步。因而 B 集团未来 5 年需要确保收入的增长和现金流的稳定，可暂时降低对盈利性的要求。

企业不能仅有一个目标：企业战略目标的八大领域

在战略制定子阶段，战略目标的确定至关重要，它既是企业战略选择的出发点和依据，又是企业战略实施要取得的结果。为了将来对企业的管理活动进行准确的衡量，战略目标应该是具体的、可以检验的。

现代管理学之父彼得·德鲁克先生提出[①]，**企业不能仅有一个目标，企业管理就是设法在各种需求和目标之间取得平衡**。企业的本质使得企业必须建立多重目标，企业应该设定绩效和成果目标的领域共有八个，包括市场地位、创新、生产力、实物和财力资源、获利能力、管理者绩效和培养

---

① 德鲁克. 管理的实践 [M]. 齐若兰，译. 北京：机械工业出版社，2018:62-88.

管理者、员工绩效和工作态度、社会责任，其中前五项相对容易量化和设置衡量标准。德鲁克先生还指出，**平衡各种不同的企业目标并非机械化工作，这项工作没有公式可循，每一家企业都必须达到自己的平衡，而且应在不同的时期达到不同的均衡状态。**

将这八个领域的目标内容、衡量标准结合实务中的经验进行汇总，如表 2-6 所示，企业可根据自己的实际情况选择战略重点目标。

表 2-6　企业主要战略目标

序号	战略目标八大领域	目标内容	可参考的量化指标
1	市场地位	现有产品在目前市场、新市场上的理想地位，目前市场需要的新品，应该开发的新市场和新品	老品和新品的销售额、销售量、市场占有率等
2	创新	为了实现营销目标必需的产品和服务的创新，实现市场目标需要的新流程	研发投入产出比、新品的开发周期等
3	生产力	提高贡献值（营业毛收入和支出之间的差距）在总收入中所占的比例	产能、工序节拍、材料利用率、单位产品成本等
4	实物和财力资源	拥有生产经营所需的资源（如物料、固定资产、营运资金等）	存货占比、存货周转率、固定资产占比、固定资产周转率、现金流量、资产负债率等
5	获利能力	企业必须达到的最小利润	利润、盈亏平衡点、投资收益率等
6	管理者绩效和培养管理者	增加人力的获得渠道、对员工的培训、人才梯队建设	培训支出、企业高潜人员数量等
7	员工绩效和工作态度	有效激励员工，保持员工的稳定	离职率、人效等
8	社会责任	对社会产生的正向影响	提供的就业机会、缴纳的税金、获得的政府补贴和奖励等

< 案例解析 >

B 集团战略目标的确定和分解

B 集团通过 SWOT 分析明确了公司的竞争力，选择了高速扩张的发展战略。B 集团经过研讨后，制定了未来非常明晰的战略目标。B 集团的重点指标集中于市场地位、实物和财力资源方面，其中与销售收入相关的指标如表 2-7 所示。

表 2-7 B 集团销售收入方面的战略目标

项目	2020 年	2021 年	2022 年	2023 年
销售收入（亿元）	14.3	14.6	15.7	17.0
其中：老品	10.2	8.8	7.5	6.0
新品 2	1.4	2.2	3.0	4.2
新品 4	0.6	1.2	2.4	3.6
其他新品	2.1	2.4	2.8	3.2
老品销售收入占比	71%	60%	48%	35%
企业人数（人）	2,000	2,000	2,100	2,200
人均销售收入（万元）	71.5	73.0	74.8	77.3

从表 2-7 可以看出，新品销售额逐年攀升，到 2023 年企业的销售收入中老品的收入仅占 35%，B 集团已实现产品结构的调整，过渡到全新的发展阶段。

B 集团根据制定的销售收入方面的战略目标，制定了年度经营计划，并将具体销售收入的目标下达给每个销售人员。同时在年度预算中，为了确保销售收入目标的实现，匹配了相应的资源，确定了与之对应的考核指标。B 集团面对严峻的市场环境，制定了相应的应对策略。

经营分析如何促进和
保障战略目标的落地

在 1999 年，发表在具有全球影响力的杂志《财富》（*Fortune*）上，题为《CEO 们为什么失败》（*Why CEOs Fail*）的文章指出：**"绝大多数公司的失败（约占总案例数的七成），其问题出在贯彻执行方面，而非战略本身的拙劣。"**

2015 年，《哈佛商业评论》发表的一篇文章公布了一项对全球 400 家 CEO 的调研结果："无论是在亚洲还是欧美，卓越的战略执行力是公司高管面临的头号挑战。这个挑战难度排名超过了创新、地缘政治稳定性以及总收入增长。我们都知道执行有难度，很多研究发现，三分之二到四分之三的大公司在执行战略时阻碍重重。"①

笔者在实务中对一些民企的职业经理人进行访谈时，有的经理人提到，在制造业竞争趋于白热化的行业，比如家电、汽车等，大家的战略方向都相差不大，只能靠执行力取胜。如何监控战略的执行过程，这是经理人十分关注的话题。

在战略执行阶段，通过经营分析可以实时监控战略目标和实际执行的差距，能够显示公司的战略方向有没有发生偏离，并能够提供决策建议供管理者参考。

---

① D. 苏，霍姆克斯，C. 苏. 战略执行 5 大误区 [J]. 哈佛商业评论，2015（3）：105-106.

〈 **案例解析** 〉

经营分析如何促进 B 集团的战略目标落地

　　B 集团选择了细分市场的差异化战略。这种战略模式的主要特点是：产品的种类不多；产品有差异，需要支付额外的成本，以维持产品的差异性；面临着不断创新的压力，不断加大投入研发费用；客户群不是特别庞大，重视和客户建立长期合作关系，愿意为客户提供周到的产品服务。

　　B 集团在新品 2 的推广中，遭遇竞争对手产品的激烈冲击。在每月的经营分析会上，财务部都会汇报公司当月的经营业绩情况，包括产品、区域、销售人员的业绩目标完成情况。2020 年上半年业绩显示，新品 2 的销售额仅为目标销售额的 60%。财务部预警市场部查找目标销售额无法完成的原因，并和销售部一同分析差异原因。

　　市场部在向其客户了解为何选择竞争对手的产品时，获悉新品 2 虽然性能质量整体较好，但在某个关键性能上不及竞争对手的产品。市场部将结果反馈给研发部。结果研发部强烈表示不接受，认为自身产品的性能是很好的，这不是真正的原因，原因应该是市场部的推广措施不力，还有新品 2 的售后服务不到位。

　　虽然集团的管理层就未来的战略目标达成了共识，但在实际执行遇到困难时，产品的销售部门和研发部门之间矛盾重重。公司的技术副总深入产品研究发现，新品 2 的某方面性能确实不及竞争对手，集团需要通过研发创新来维持新品 2 的差异化定位，给客户更好的产品体验，从而才能成功推广新品 2。

　　研发部接受了技术副总的意见，向公司提出增加研发费用投入的要求，以期望在第三季度就可以完善新品 2 的性能。研发部提交了 2,000 万元的预算外研发费用申请，需要经理办公会批复。

　　高管层经过研讨认为，2,000 万元的研发费用投入虽然减少了当期的利润，但对销售目标的实现是必须的。研发一旦获得成功，新品 2 的性能会优于竞争对手，从而促进新品 2 的销售。同时，研发出来的新技术还可以应用于新品 4，也将扩大新品 4 的销售收入。

高管层要求财务部和研发部重新测算研发费用投入产出比，财务部重新测算后的结果如表 2-8 所示。

表 2-8　B 集团的研发费用投入产出比

投入产出比计算公式	2020 年原定目标值	增加 2,000 万元投入后的更新值
当期研发投入产出比 = 研发成本费用 / 当年产值	1：7.9	1：7.7
长期研发投入产出比 = 研发成本费用总投入 / 产品全生命周期总收入	1：14.6	1：15.0

虽然短期内追加研发费用投入会使投入产出比稍微下滑，但有助于增加新品在未来几年的市场竞争力，使产品全生命周期收入增长。根据此测算结果，高管层同意了研发费用的预算外申请。

B 集团于第三季度顺利完成了新品 2 的性能升级。在下半年，新品 2 的销售收入猛增，2020 年销售额的战略目标超额 5% 完成。

经营分析就像企业运行的导航仪，也像仪表盘，通过各种指标，管理层可以观察企业战略的执行是否良好，随时发现在战略执行中的问题。B 集团通过经营分析，找到了战略执行中的问题，并且很快找到原因，提出了改善方案，通过效益的测算，促进了改善措施的落实，使得战略执行回到了原定的轨道上。

第 3 章
≫

采购业务的经营分析

▶▶ 从一个案例说起：

　　C 企业是一家股份制家电制造业企业，产品成本构成的特点是材料成本比重非常高，占比高达 70%~80%。C 企业长期以来很重视材料降本工作，但效果并不明显。

　　近两年，C 企业采取了一系列的强制性降材料成本的手段。

　　·严格执行三家及以上供应商比价，并以材料采购价格最低为执行标准。

　　·常规物料和备品备件均不备库存，需要的时候即时采购；特殊备件备一套库存。

　　·下达降低采购材料成本的目标要求，并将该目标的达成纳入采购部的绩效考核。

　　在执行初期，这些强制性手段看上去取得了良好的效果。C 企业制定的年度采购降本指标全部达成，供应商库的备选供应商数量增加了 20%，仓储费用下降了 50%。

　　但弊端也逐步显现，C 企业开始暴露一些经营问题，员工抱怨的声音越来越大。

　　·出现质量事故——客户方出现了 C 企业产品问题导致人员轻伤的事件，C 企业遭到客户方强烈投诉。经初步调查，是原材料的质量问题造成的。

　　·由于一刀切，特殊备件仅备 1 套库存，又缺乏零部件维修损坏机器，只能等待进口采购，相关产线因此停产 1 个月以上。

　　·采购人员的工作量加大，但采购到货周期延长，降本目标压力大，采购人员的绩效评分低，导致老员工离职，新人到岗后不熟悉业务，陷入恶性循环。

　　C企业董事长一筹莫展，召集管理层紧急开会，讨论材料采购中存在的问题，希望管理层能拿出有效的应对措施。

　　C企业的采购管理反映了企业普遍存在的一些典型问题：采购理念落后、库存不合理（呆滞积压或缺货停产）、占用高额资金、采购效率低下、采购成本居高不下等，这些问题背后都暴露了企业采购管理能力低下。

从"材料成本最低"
转变为"总成本最低"

　　C企业的采购理念仍然是**操作性采购**，需要向**战略性采购**转变。战略性采购以"**总成本最低**"为采购管理理念，强调通过加强供应商管理来提高采购绩效；操作性采购仅以"**材料采购价格最低**"为基本采购理念。

"传统的成本核算：C企业应该如何选择供应商"

　　操作性采购对应的材料采购成本包括：买价（买价 = 单价 × 数量）、运杂费（运输费、装卸费、保险费、包装费、仓储费等）、运输中的合理损耗、入库前的挑选整理费等。

< 案例解析 >

C企业如何选择供应商

　　关于材料甲，C企业挑选了三家供应商（本章中三家供应商的名称均为化名），三家的采购成本核算如表3-1所示。

表 3-1　C 企业三家供应商的采购成本核算

成本项	供应商名称		
	春风	大地	蓝天
买价（元）：	720,000	810,000	718,200
单价（元／吨）	8,000	8,100	7,980
数量（吨）	90	100	90
运杂费等（元）	73,400	76,140	75,411
采购成本合计（元）	793,400	886,140	793,611
采购单价（元／吨）	8,816	8,861	8,818

由于春风公司的采购单价最低，C 企业选择春风公司供应材料甲。那么实际上，是不是采购春风公司的材料最经济合算呢？

C 企业的采购人员为我们提供了其他信息。

·大地公司的材料质量更好，但是大地公司是大型跨国企业，价格高，不肯让价；大地公司有最少起订量 100 吨的要求。

·春风公司是当地的供应商，优势是运输成本低，但三家的送货及时性都有保障。

·蓝天公司表明他们的资金链比较紧张，如果 C 企业提供较短的账期，他们可以进一步给予价格折扣。

采购人员说，选择春风公司不一定最经济，但是财务给出的数据表明春风公司的单价最低。他们希望有更科学的算法。

C 企业采用的是传统的采购成本的计算方法，没有考虑资金占用成本、质量成本等隐性因素，在确定供应商时，可能会导致决策错误。

建立从采购到售后全价值链的综合成本模型

如果综合考虑采购过程中的各种显性和隐性成本，全面地对采购总成本进行核算和考量，企业能做出更科学的决策。采购总成本应该涵盖从采购到售后全价值链产生的综合成本。

如何建立采购总成本模型

一般采购总成本模型应涵盖以下要素，如表 3-2 所示。显性成本涵盖材料成本、供应链成本及返利，隐性成本涵盖资金成本及质量成本。

表 3-2　采购总成本模型

成本性质	成本大类	采购各分项成本	
		成本项	成本项说明
显性成本	材料成本	材料成本 a	单价 × 数量 + 关税（进口材料涉及）
	供应链成本	运费 b	运输单价 × 数量，选择合适的运输方式
		包装费 c	选择合适的包装材料（周转运输材料）
		杂费 d	装卸费 + 挑选整理费等
		保费 e	订单的保险费
		仓储费 f	仓库保管费
		小计 g	$g=b+c+d+e+f$
	返利	返利 h	按返利政策计算
隐性成本	资金成本	资金成本 i	资金占用成本 = 占用的资金 × 资金成本率 占用的资金 = 材料成本 × 账期天数标准差 账期天数标准差 = 标准账期天数 − 实际账期天数（如标准账期天数是 60 天，某供应商的实际账期是 30 天，差异就是 30 天；如果实际账期天数 90 天大于标准账期天数 60 天，则无资金成本）资金成本率按银行同期贷款利率计算
	质量成本	内部质量损失 j	检验不合格退回成本、返工成本、停工成本、更换维修造成的成本等
		外部质量损失 k	客户方索赔造成的损失、品牌名誉损失等
		质量成本小计 l	$l=j+k$ 质量成本的相关数据需要从企业的质量系统中取得（质量成本的相关内容将在本书第 4 章详细阐述）

续表

成本性质	成本大类	采购各分项成本	
		成本项	**成本项说明**
—	—	采购总成本金额 x	$x=a+g+h+i+l$
		采购总数量 m	m
		采购总单价 p	$p=x/m$

企业应将材料成本、资金成本、质量成本等因素进行汇总，制定采购总成本模型，从全流程的角度出发，分析选择最优的采购总成本。

需要说明的是，以上采购总成本模型的示例及本书后面总结的一些模型，都仅供读者参考，旨在说明遇到这个问题怎么思考、从哪些方面下手解决。在实操中，因行业、企业、背景等因素不同，在使用的时候要根据企业实际进行调整。

比如有的企业资金非常紧张，在选择供应商的时候特别看重供应商账期这个因素，那么在计算资金成本时，企业可以选择自身能承受的标准账期天数，按银行同期贷款利率上浮一定比例计算资金成本率。

又比如有的供应商交付货物不及时，给企业造成了损失，企业在计算采购总成本时可以单独设置缺货成本类别，根据供应商交付及时率估算缺货成本。

采购总成本模型的应用：究竟哪一家供应商成本最低

C 企业之前核算的采购成本包含材料成本、供应链成本，三家供应商无返利要求，因此 C 企业主要需要增加对资金成本以及质量成本的核算。

由于三家供应商对订货数量的要求有所不同，为了对比，我们先计算出采购总成本，然后计算出采购总单价。采购总单价较低的供应商才是更有竞争力的供应商。

但需要说明的是，如果三家供应商都是新供应商，需要做决策时，可以先只考虑资金成本的计算，因为在采购谈判时涉及账期，供应商的资金成本是可以计算出来的，而质量成本需要经过时间的积累、搜集比较全面的数据才能够核算。

1.考虑资金成本

C 企业的标准账期是 60 天，春风公司的账期是 60 天，蓝天公司的账期是 75 天，这两家的账期≥标准账期，无资金成本。

C 企业的银行同期贷款利率按 6% 计算。

大地公司的账期是 45 天，低于标准账期。大地公司的资金占用成本=810,000×（60-45）×6%/360=2,025（元）。

蓝天公司主动提出，如果账期调整为 60 天，他们愿意提供 1% 的价格折扣。这样蓝天公司的资金成本仍为 0，但是材料采购成本调整为 718,200×99%=711,018（元）。

在考虑资金成本后，三家供应商的采购成本核算情况如表 3-3 所示。

表 3-3　考虑资金成本后的三家供应商的采购成本核算

成本项	供应商名称		
	春风	大地	蓝天
买价（元）:	720,000.00	810,000.00	711,018.00
单价（元 / 吨）	8,000.00	8,100.00	7,900.20
数量（吨）	90.00	100.00	90.00
运杂费等（元）	73,400.00	76,140.00	75,411.00
资金成本（元）	—	2,025.00	—
采购成本合计（元）	793,400.00	888,165.00	786,429.00
采购总单价（元 / 吨）	8,815.55	8,881.65	8,738.10

从表 3-3 可以看出，当考虑资金成本后，蓝天公司的采购单价更有竞争力。

2.考虑质量成本

对于外部质量损失，C 企业详细记录了外部客户索赔的金额。C 企业的质保部人员指出，C 企业所处的家电行业对质量要求很高，C 企业一直很重视质量管控，产品的质量很好，每年发生外部索赔的事件很少，涉及的金额为几万元到几十万元。如果认定供应商供货的质量有问题，会向供应商进行索赔。

选择春风公司后，至今未发生原材料问题导致的质量事故。大地公司的原材料供货合格率是100%，而蓝天公司、春风公司的原材料供货合格率只有96%，虽然这两家公司承诺有质量问题的原材料无条件退换货，但质量问题会带来一定的内部质量成本，如表3-4所示。

表3-4 两家供应商的质量成本核算

金额单位：元

质量成本项	供应商名称	
	春风	蓝天
不合格品的分析检验费用	1,800.00	1,800.00
退换货的运输成本	2,880.00	2,986.00
派人去供应商现场调查的费用	2,400.00	2,800.00
合计	7,080.00	7,586.00

在综合考虑资金成本以及质量成本之后，三家供应商的采购总成本如表3-5所示。

表3-5 三家供应商的采购总成本核算

成本项	供应商名称		
	春风	大地	蓝天
买价（元）：	720,000.00	810,000.00	711,018.00
单价（元/吨）	8,000.00	8,100.00	7,900.2.00
数量（吨）	90.00	100.00	90.00
运杂费等（元）	73,400.00	76,140.00	75,411.00
资金成本（元）	—	2,025.00	—

续表

成本项	供应商名称		
	春风	大地	蓝天
质量成本（元）	7,080.00	—	7,586.00
采购成本合计（元）	800,480.00	888,165.00	794,015.00
采购总单价（元/吨）	8,894.22	8,881.65	8,822.39

可见，春风公司的采购总单价其实是最高的，对于 C 企业来说最不经济。如果采用传统的采购成本核算方法，那么 C 企业做的就是不够科学的决策。

永恒的难题：采购如何降成本

在竞争越发激烈的情况下，降低采购总成本是企业的迫切需求。但如何降低采购成本，企业往往没有科学的策略和方法。

这主要是因为，在实务当中，企业普遍忽视针对采购业务的分析工作。一般企业的 ERP 系统会保存采购数据，但是缺乏对数据的挖掘分析。

· 缺乏对物料采购数据以及物料相关的供应市场进行分析。

· 缺乏对现有的供应商数据进行分析。

只有对数据进行深度分析，再辅以一些有力的降本手段，降本工作才能有效开展。通常来说，以下三方面的手段可以帮助降低采购总成本。

· 业务手段：主要通过谈判、集中或分散采购等手段降低材料采购成本。

· 管理手段：主要通过与供应商的战略合作，帮助供应商改进技术工艺等加强对供应商的管理来降本。

· 技术手段：主要通过价值分析法与价值工程法，即通常所说的 VA（Value Analysis）与 VE（Value Engineering）法改善产品的功能和原材料的结构来降本，比如减少不必要的功能和零部件品种数量，减少原材料用量和降低供应商的生产复杂性。

在实际中应综合使用三种手段，比如企业一方面会与供应商进行价格谈判，要求供应商承诺采购价格按年度降低，另一方面会指导其生产过程，帮助其提高合格率，保证供应商有合理的利润空间；同时也会制定未来长期合作的战略规划，使得供应商愿意长期跟随企业发展。这三种手段在实务中体现为三种典型的降本策略，下面将详细阐述。

采购集中化策略：更高的效率与更低的价格

按照物资的属性，企业常见的采购物资分为几大类：大宗原材料、辅材、设备、备品备件、服务类等。大宗原材料等一般由企业采购部门实施采购；辅材有可能由采购部门采购，但一些企业为了方便生产，赋予生产部门直接采购辅材的权限；有的企业将设备、备品备件等有技术含量的物资的部分采购职能权限赋予设备部。有些集团公司的下属子公司在不同地域的，集团允许子公司自行采购部分或所有物资。

采购职能分散虽然保障了物资供应效率，但不利于降低采购成本。**集中采购有两大明显优势，其中一个优势是高效利用采购资源。**如果集中采购，那么对于同一物料，只需要进行一次性供应商寻源，后续根据采购需要进行补充；如果多个部门分别采购，对同一物料会进行多次寻源，造成人力成本的浪费。**另一个优势是，集中采购能够发挥规模采购作用，获得更加优惠的价格。**

但不能盲目地集中化采购，因为集中采购策略的应用是有条件的。

· 采购物料的通用性：物料的通用性越高，采购同一类物料的量就越大，通过集中采购就可以获得价格优势。反之，如果物料不具备通用性，集中采购不见得会有优势，或者因为是特定的供应商供应，根本无法实现集中采购。

· 地理位置的便利性：公司的各分、子公司与生产工厂地理位置越接近越利于实施集中采购；反之，如果地理位置较远，可能增加的运输费用和时间成本会超过集中采购的成本。

· 供应市场的垄断性：如果供应市场上存在行业内的垄断企业（一些原材料的供应商就是几家巨头企业，这种情况并不少见），那么企业集中采购可以提升议价能力，在和供应商的谈判过程中处于更有利的地位。

企业应针对不同类别的物资，对供应市场、采购过程的优劣势进行分析，确定是集中采购还是分散采购，并对采购组织设置进行相应调整。

〈 案例解析 〉

C 企业的采购集中化

对 C 企业 2019 年的采购数据进行分析，结果参见表 3-6。

表 3-6　C 企业的供应商采购区间分布

序号	年采购金额区间	供应商数量（家）	数量占比	采购金额占比
1	年采购金额 :X>1 亿元	4	0.6%	10%
2	年采购金额 :2,000 万元 <X ≤ 1 亿元	24	3.5%	17%
3	年采购金额 :1,000 万元 <X ≤ 2,000 万元	96	13.9%	34%
4	年采购金额 :500 万元 <X ≤ 1,000 万元	136	19.7%	17%
5	年采购金额 :100 万元 <X ≤ 500 万元	252	36.5%	16%
6	年采购金额 :X ≤ 100 万元	178	25.8%	6%
合计		**690**	**100%**	**100%**

表 3-6 显示，C 企业的活跃供应商数量有 690 家（总供应商 800 余家，近两年有交易往来的为 690 家，其被定义为活跃供应商）；年采购金额在 500 万元以下的供应商有 430 家，约占供应商总数的 62%，而采购金额仅占 22%。

究其原因，主要是 C 企业的采购职能比较分散，技术部门、生产部门都有一定的采购权限，各个部门的采购管理流程规范不一致，在供应商管理方面缺少清晰的流程，采购部门在企业的话语权比较弱。而且采购人员本身也缺乏供应商管理整合意识，忙于日常的采购工作，没有时间进行系统性的梳理和优化。

C 企业对物资进行了深度分析，区分了战略类物资和常规类物资。

对于塑料、电子元器件这一类物资，C 企业定义为战略类物资。企业考虑与供应商建立稳定的合作关系，以支持企业战略。在执行中，C 企业考虑寻求 1 至 2 家核心供应商并与之签订中长期协议（3~5 年），逐步利用供应商的专长，促进企业战略的实施，同时也制定应急方案；而对于常用的低值易耗品等常规类物资，企业的主要诉求是提高供应效率。在执行中，精简物资品种，批量减少供应商数量，通过电子采购方式减少采购成本。

整合采购后，所有的采购活动由采购部负责，大到几百万元的注塑设备，小到几分钱的密封圈，都按照统一的采购流程进行操作。利用整合采购的优势，大宗材料实现了规模采购，从而获得了同行业最优的采购价格，采购价格同比下滑 5%。供应商的数目从 690 家减少到 350 家，采购人员也减少了 5 人左右，每年节约了近 100 万元的人力成本。

● 知识拓展

如何应对大宗原材料走势对成本的影响

经常听到采购部门的抱怨："采购集中化了也没用，大宗原材料随行就市，根本无法控制，还是无法实现降本目标。"

一些企业的做法是开展原材料的套期保值业务，借助期货、期权等衍生工具积极应对风险挑战；而没有对应期货产品的原材料则通过和供应商签订长单等方式，保持原材料长期稳定供应。一些企业在这方面取得了较明显的效果，但也有不少套期保值失败的案例，这主要是因为企业对价格的趋势缺乏准确判断。

企业如果能对大宗原材料的走势进行跟踪并做出前瞻性的判断，则能更好地应对风险挑战。影响大宗原材料价格的主要因素是上游价格和该行业的供给与需求情况。企业需要积累基础数据，长期跟踪价格走势。积累的基础数据越多，越有利于趋势分析。

首先，企业可以借助专业力量，比如购买行业研究报告，定期邀请行业资讯机构来企业分享行情，以实时监控行情变化情况，分析大宗原材料价格走势。其次，企业要建立数据库，积累宏观经济、相关产业指标、大宗材料近 5 年的行情走势、市场供需情况、开工率、企业的月需求量和库存数量等数据，以便对后市行情做出 N+3 个月的滚动预测。

在行情比较低迷的时候，企业可以考虑储备下个月或者下几个月的物资。这样做可以在低点获得较低的材料采购成本，但可能导致企业占用较多资金，储备的物资过多，也可能造成库存呆滞。所以企业的管理人员要对需求量进行合理预估，以保证储备的物资能在未来正常消耗。

〈 案例解析 〉

C 企业材料价格变动对成本的影响模型

C 企业邀请机构定期对行情进行预测，并在行情较基期变化的基础上，建立了材料价格变动趋势对成本的影响模型，参见表 3-7。

表 3-7　C 企业材料价格变动趋势对成本的影响模型

电器类产品物料	金属类			塑料类		其他材料	合计
	铜	钢	铝	PP 塑料	PS 塑料		
成本占比	18%	20%	15%	8%	5%	34%	100%
行情较基期变化	20%	−2%	10%	−6%	−5%	−2%	—
影响度	3.60%	−0.40%	1.50%	−0.48%	−0.25%	−0.68%	3.29%

也就是说，不考虑产品结构等因素，C 企业材料的价格变动预计会使成本上涨 3.29%，为了弥补大宗材料价格上涨带来的负面效应，C 企业需要采取措施达到企业制定的目标毛利率要求。比如：根据大宗原材料（金属类、塑料类）的价格波动，C 企业可以考虑相应的提价措施；针对其他材料，C 企业需要采取更有针对性的降本措施，使得其他材料的成本能进一步下降。

采购需求标准化策略：批量的需求与降低的库存

采购需求标准化是企业降低采购成本的有效手段之一。通过统一物料性能参数、型号、品牌等，可以最大限度地形成批量需求，减少材料的库存成本，并且更有利于减少供应商数量。

通常企业采用的标准化维度如下。

·品牌标准化：在达到性能要求的前提下，整合品牌需求。客户如果指定品牌的，则按照客户指定品牌采购物资；无指定品牌的，按照企业综合评估后的推荐品牌采购物资。

·型号、规格标准化：相同、相似功能的零部件进行型号、规格的整合统一。

·设计方案标准化：在前期设计的过程中，按统一的设计模块、装置、物料构成进行标准化的设计，优先选择成本最低的设计方案。

统一并规范物料编码、产品名称和技术标准是推进物资需求标准化的重要基础工作。

〈 案例解析 〉

C 企业的采购标准化

C企业在具体实施中，针对芯片、二三极管等，通过采购人员拜访、会谈供应商，把重点品牌由5—10种缩减为2—3种。C企业还参与供应商的研发过程，选择最适合C企业的芯片、电子元器件等。

而一些辅料供应商数量还是很多，采购人员反馈这是因为企业的产品种类多，无法再减少辅料供应商数量。

对C企业的供应商名录进行分析，其部分辅料的供应商和物料编码数量参见表3-8。

表 3-8 C 企业部分辅料的供应商和物料编码数量

序号	类型	供应商数量（家）	物料编码（条）
1	橡胶原材料	17	54
2	五金件	5	242
3	箱类	7	176
小计		29	472

橡胶原材料、五金件、箱类这些物料的供应商的数量都很多，但从实际来看，并不需要这么多。为了确定是否可以进一步标准化，咨询公司与采购、技术、工艺等部门人员进行了访谈。

访谈时发现，产品的一部分非核心参数（比如手感、纹路等），客户往往没有统一要求，所以 C 企业内部在非核心参数上也就没有统一标准，完全按照供应商送来的物料制作样件。而不同的供应商送来的物料在参数上是有细微区别的，样件参数在客户封样后就完全锁定了。因此，无法肉眼看到区别的物料必须由不同的供应商供货，采购部无法灵活变更供应商。由此可见，前期技术研发时忽视非核心参数，会导致后期采购陷入被动局面。

经过跨部门讨论后，前期采购人员认为的不可能变为可能。采购部和技术部合力开展标准化工作，对所有新品的非核心参数进行了统一。和客户协商后，经过半年的过渡期，老品全部切换到与新品一致的非核心参数。此举缩减了 50% 的辅料物料编码以及 40% 的辅料供应商。

进口国产化替代策略：更低的零件价格

受新冠肺炎疫情影响，海外零部件企业大规模停工停产。尤其是汽车行业，国内整车和零部件企业面临零部件断供危机。在此情况下，国内企业纷纷加快关键零部件国产化进程，用本土优质的供应商逐步替换海外供应商。国产化的零部件在价格上相比进口件有较大的优势，因而有利于大幅降低采购成本。

但需要指出的是，更换供应商是一个复杂的流程，企业要警惕其中的风险。要替换关键零部件，需要对新产品进行大量的试验、调整和认证，以通过监管测试和客户认可。

零部件的国产化面临很多挑战。在部分高度依赖进口的核心零部件方面，可能在国内企业中还是找不到合适的替代供应商，国内企业的技术水平仍需提升。

< 案例解析 >

C 企业的进口国产化替代

C 企业发现一个关键的零部件是进口件，进口件和国内供应商提供的国产件的功能基本一致，但国产件价格仅为进口件的一半。C 企业的采购部召集技术部、生产部、质量部、市场部一起商讨是否采用国产件，为此技术部和质量部进行了性能测试，发现除了耐温温度，二者性能基本一致。进口件的耐温温度比国产件要高 20℃，但大家一致认为实际使用过程中，该国产零部件的耐温温度足够满足需求了。因此 C 企业决定批量购入国产件。

C 企业通过此举节约了近 3,000 万元的成本。采购部及其他部门获得了降本奖励。

但 3 个月后，某客户方投诉了 C 企业。因为该批产品被发往国外，国外当地的平均温度高于国内平均温度 20℃，产品在使用中出现了熔断问题，导致客户方损失 5,000 万元。客户方对 C 企业提出了索赔要求，包括赔偿直接损失、品牌形象损失等。

C 企业本来想要降本，却损失巨大。C 企业痛定思痛，复盘了整个过程后，制定了详细的降本措施试验认证流程，要求必须告知客户方一些关键参数并必须获得客户方同意后才发货。C 企业要求全体人员谨记在降本的同时确保质量不能下滑，质量是制造业的生存之本。

有激励才能有动力：采购降本的激励方式

不同的企业为了调动企业员工发挥采购降本的主动性，采用的激励手段是不一样的。有的企业制定了硬性的降本指标，有的企业则让员工自主提报降本情况并给予其单项奖励。

到底用什么方式能起到激励的作用呢？笔者的经验是在企业管理改善的初期（降本增效本质是管理改善），以奖励为主。在这个阶段，企业需要调动员工的能动性，鼓励员工做一些尝试，因此，正向的激励显得尤为重要。

而到了管理改善的稳定期，则需要把一些改善举措进行横向拓展应用、固化下来并纳入员工的岗位职责及绩效考核和评价体系。如果员工不能完成本该履行的职责，则需要给予惩罚或者负向激励。

〈 案例解析 〉

C 企业的采购降本激励措施

C 企业 2019 年对采购部下达了降本目标要求，对采购部的考核指标为：原材料单位降价金额 × 采购数量 ≥ 8,000 万元。

在实际考核中，由采购部提报采购降价统计情况如表 3-9 所示。

表 3-9　C 企业采购降价统计表

序号	供应商	品名	计量单位	原价（元）	现价（元）	价格下降（元）	采购量	降本金额（元）	原价终止时间
1	无锡 × 包装材料公司	普通五层纸箱	m²	4.9	4.1	0.8	5,000	4,000	2019-4-1

序号	供应商	品名	计量单位	原价（元）	现价（元）	价格下降（元）	采购量	降本金额（元）	原价终止时间
2	上海×五金厂	外购件BJS-3765934	件	57.6	47.6	10	40,000	400,000	2019-3-1
……	……	……	……	……	……	……	……	……	……
合计								8,200万（元）	

采购部提交的降价统计表显示，已实现年度的降本目标，采购部完成了年度绩效指标考核。

财务部在对数据进行复核时发现以下问题。

·采购部的降价统计表是手工计算和统计的，容易产生统计差错，影响数据的真实准确性。

·材料价格有涨有跌，但采购部仅仅统计了价格下降的部分，导致无法判断降价的原因是采购部的努力，还是市场的价格波动。

·仅仅统计原材料下降的金额无法反映采购部的工作实绩，而且考核周期为一年，无法有效激励采购人员。

为此，C企业高管人员展开了讨论，对激励办法进行修改。

关于降本金额的测算

1.有关价格谈判

采购部通过价格谈判等为公司创造了价值，其价值计算方法如下。

当月创造价值＝∑［（原材料的基准价－当月采购价格）×当月发票载明的数量］

注：所有的结算依据以发票入账时的采购价格为准，入库日期截至当月27日。

2.有关VAVE

VAVE价值工程法为公司创造了价值，其价值的计算方法如下 。

当月创造价值＝∑［（当月采购价格－替换物料的当月采购价格）×

当月发票载明的数量]－替换材料过程产生的各种试验费用

关于原材料基准价确定方法的说明

·原则上，以上一财年 12 月 31 日所有材料的采购价格为基准价。

·大宗原材料等重要原材料由采购价格委员会根据大宗原材料的趋势预测在年初制定出基准价。

·要求至少由三家供应商同时送样、报价，由采购价格委员会审批后的首次价格为新品基准价。

由财务部直接从 ERP 系统中导出数据进行汇总整理。

关于降本奖金的发放

降本奖金的发放规则如表 3-10 所示。

表 3-10　C 企业降本奖励金发放规则

序号	降本途径	发放比例	奖励涉及部门
1	由采购部通过招标、谈判等方式实施降价	当月创造价值的3%直接作为奖金发放	采购部具体的实施人员
2	VAVE 价值工程法		采购部、设计部、质保部、项目部等；奖金总额发放给项目经理，由项目经理二次分配奖金给不同部门人员

C 企业在实施了新的办法后，在 2020 年实现了降本金额 2.3 亿元，其中采购部通过谈判等方式实现降本 1.4 亿元，这充分说明企业员工得到了有效的激励。

自制 OR 外购

不可忽视的五大考量

企业的一些零部件的取得，既可采用自制又可采用外购的方式。那么到底应该自己组织生产还是外购呢？这是常见的企业需面临决策的问题之一。

自制或外购决策是综合性决策，需要从多方面考虑。

1. 战略方面的考虑

技术导向或者重资产导向的企业更多会选择自制方式。

技术导向的企业，即指一些掌握关键技术、工艺配方的企业为了维持自身产品的差异性，对于涉及关键技术、工艺生产的零部件均采用自制方式，这是为了保护其核心技术不被泄露。

重资产导向的企业，持有大量如厂房、机器设备等有形资产。重资产一旦形成规模，企业容易垄断市场，形成行业进入壁垒，但重资产企业的资金投入高，面临较大的运营风险，利润率相对偏低。如果企业采取重资产战略，资金也比较充裕，往往会选择自制。反之，轻资产的企业则更倾向抓住自己的核心价值，而将非核心业务都外包出去。

2. 质量、交期方面的考虑

担心外购的质量不过关、交付不及时的企业往往也倾向于自制。

零部件的质量会影响最终产品的质量。如果外购，则无法保障零部件的质量。企业对质量非常看重、对质量风险非常敏感时，则会放弃外购，这跟企业所处的行业、产品的特性有关。比如零部件某道工序复杂、合格率不够高，但企业将零部件的生产外包给供应商后，合格率更低，这个时候肯定会选择自制。

零部件是否供货及时会影响最终产品的交付期。如果外购，则无法保障零部件的准交率。如果无法有效保障外购零部件的供货时间，不及时交货会产生较大的损失，则应采取自制方式。

3. 充分利用内部生产能力的考虑

企业内部有生产能力，机器设备闲置或者利用率不足，人员的工作也不饱和，这个时候自制更有利。通过自制，可以提高机器的使用效率和人员的工作效率，避免机器的闲置浪费和人员的流失。

4. 与供应商关系方面的考虑

能否与供应商保持合作互惠和相互依存关系，也会影响企业的决策。企业在内部尚有生产能力，自制可能更有利，但因此不能给到供应商稳定的订单量，使得供应商开工率不足，造成与供应商的关系紧张或中断，企业会考虑外购。

5. 经济利益方面的考虑

企业出于经济方面的考虑，会选择成本低的方式。经济因素是影响决策的关键。如果上述要素的重要性远超过经济因素，企业即便选择成本高的方式也无可厚非。

自制或外购决策的成本对比分析往往是重难点，如果成本比较的口径和取数不科学，得出的结论可能会误导企业决策。

相关成本分析法：让决策有据可依

自制或外购决策分析一般采用相关成本分析法。站在管理会计的角度，对比相关成本才有意义。

一、自制的相关成本

1.当企业有剩余产能，但无法生产其他产品时

企业原有的固定成本（折旧、车间管理人员工资等）不会随自制或外购发生变动，在决策时不应考虑，因此只有自制的变动成本（原材料、动力费等）才是相关成本。

2.当企业有剩余产能且可以生产其他产品时

自制相关成本除了包括变动成本外，还包括自制能力可以用来生产其他产品的机会成本。

3.当企业的产能已充分利用，没有多余的生产能力时

企业如果选择自制，就需要购置必要的机器设备和雇佣员工，会增加固定成本。在这种情况下，自制的成本不仅包含变动成本，也包含固定成本，相关成本就是全成本了。

二、外购的相关成本

外购的相关成本包含供应商的加工费、运费、订单处理费、管理成本、供货不稳定的缺货成本、质量成本等。

通过比较自制与外购决策的相关成本，能做出决策判断。自制与外购成本比较决策情况参见表 3-11。

表 3-11　自制与外购成本比较决策

产能条件	自制相关成本	外购相关成本	相关成本比较	决策判断
已充分利用	自制全成本	外购相关成本	自制＞外购 自制＜外购	外购 扩大产能，自制
未充分利用 且无法生产其他产品	自制变动成本		自制＞外购 自制＜外购	外购 自制
未充分利用 且可以生产其他产品	自制变动成本 和机会成本			

以上的决策判断仅从成本经济性角度考虑。企业最终还是要综合考量前述的战略、质量、交付期、与供应商的关系等，再做出自制或外购的决策。

< 案例解析 >

C 企业的自制或外购决策

2020 年 6 月，C 企业财务部和采购部对比分析了 2019 年零部件自制和外购成本。从测算结果来看，有些类别的成本差异较大，比如一些小零部件的自制成本总和仅为外购成本总和的 86%，可见在做自制或外购决策时需要考虑成本要素。

以支架为例，C 企业进行了自制和外购的相关成本对比分析，参见表 3-12。

表 3-12 C 企业支架的自制和外购的相关成本分析

单位：元 / 件

自制直接成本	金额	自制间接成本	金额
直接人工	0.73	场地摊销	0.08
动力费	0.28	厂房设备折旧	0.41
辅料	0.39	间接人工	0.16
其他	0.32	其他	0.18
小计	1.72	小计	0.83
产能条件			已充分利用
自制相关成本		自制全成本 = 自制直接成本 + 自制间接成本 =2.55	
外购相关成本			2.76
决策判断		自制相关成本＜外购相关成本 C 企业可以考虑扩大产能，自制	

在对支架等一些小零部件进行详细成本分析后，C 企业管理层经过慎重讨论和综合评估，最终决定投资新的产线，由外购转为自制这些小零部件。

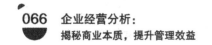
库存管理

　　VUCA 时代下，由于市场变化快，企业需要提升对客户需求的响应能力。当市场的需求发生变化，如果企业内部信息传递不及时，就可能导致生产计划不能及时调整，采购中心也无法及时更改采购计划和订单。加上采购中心和供应商之间经常缺乏有效的信息沟通，因而经常出现在实际需求减少的情况下库存积压，在需求增加时缺货的现象。

　　准时生产（Just in time，JIT）方式[①]提倡**"只在需要的时候，按需要的量生产所需的产品"，追求一种无库存的生产系统。**它的文化基因是"最晚可能"[②]，"即使接到订单，不到再不生产就赶不上交货期的状态时先不动，而一旦开始生产，就一直做到结束，中间毫不停留"，而其道具是看板。JIT 是否适用于我国企业，或者说我国企业如何学习丰田生产方式，能否达到零库存或少库存的状态？

　　很多企业学 JIT 生产，但很多企业停留在表面。经常会看到生产车间有看板和精细化的生产排产系统，然而库存始终居高不下的现象，这背后的原因不同。我国企业学习丰田生产方式还有很长的路要走。

　　首先，关于"最晚可能"的文化基因，这个观念与长久以来我国企业的"凡事预则立，不预则废"的文化直接冲突。"接到订单后马上开始着手制定日程计划，从最前面的订单开始按顺序生产"这种"最早可能"文

---

① 　由于它起源于日本的丰田汽车公司，因而曾被称为"丰田生产方式"，后来越来越多人认识到这种生产方式的独特性和有效性，研究和运用这种生产方式，称它为 JIT。
② 　河田信. 回归原点：丰田方式的管理会计 [M]. 赵立城，译. 北京：机械工业出版社，2012:3–37.

化被更多企业学习并且接纳。

　　JIT 生产方式要求"没有工作时就站着别动"，因为若出现后一道程序来不及生产，前一道程序生产出来就会造成库存积压，就是浪费。某些企业很难接受这个观念，我国企业家特别是创业一代都是很勤劳的，因此，JIT 生产方式遭到我国企业质疑和排斥。

　　其次，丰田创造这种生产方式的初衷是为自己创造资金，不依赖借款取得流动资金。如果库存增加，就容易导致资金短缺。在这点上，我国企业融资的渠道相对较多，获得的资金成本也相对低，所以企业没有迫切节约资金流的动力。特别是一些上市企业，募集的大量资金不能闲置在银行账户里，必须投资生产，而且预期未来产品的价格是上涨的，那么企业的动力就是多生产。这种资金充足的状态使他们不断地扩大生产规模，以巩固市场地位。

　　再次，看板管理的作用有限。笔者在生产车间看到，企业通过看板通报当天的生产完成进度和问题，每天滚动刷新看板。在实际跟踪中，笔者却发现这些已经通报过的问题，比如某产品某工序的内损率异常，并没有得到解决。而新的一天，新的问题又来了。这些看板显示的问题并没有得到解决，现场管理的水平也并没有得到提高。

　　因此，**在企业的实际管理中，无法一味地追求零库存，而需要根据实际情况探讨合理的库存，避免积压，尽可能地减少资金占用。**

　　现在有些企业采用供应商管理库存（Vendor-Managed Inventory，VMI）模式，在这种模式下，按企业合同或订单完成生产后，供应商将货物送到仓库并保持约定的基本库存。企业和供应商定期对账以确认实际领用的产品数量和金额，从而确认销售收入。对于企业来说，在这种模式下其拥有了使用权，但库存不增加。对于供应商来说，其对库存要考虑更多，并尽可能进行更为有效的管理，使双方的整体库存减少。实施这种模式要求企业是供应链中至关重要的企业，拥有先进的信息技术（如仓库管理系统）以推动建立 VMI，使供应商按照要求补货、配送。VMI 的出现使库存管理方法发生改变并对企业的发展产生了深远影响，VMI 体现了供应链集成的管理思想，得到越来越多企业的重视。

库存周转率指标真的越高越好吗

库存周转率是企业一定时期营业成本与平均存货余额的比例。库存周转天数 =360 天 / 库存周转率。库存周转指标用于反映存货的周转速度，即存货的流动性及占用资金的合理性。

库存周转率指标可以反映企业库存管理水平的高低，理论上库存周转率越高越好，库存周转天数越少越好。但这个指标没有绝对的好坏评价标准，其与行业、企业的商业模式都有密切的关系。通常可以同行业的标杆企业比较，或者企业与自己的历史数据比较并做趋势分析。

比如同行业的两个企业，甲企业是面向消费者的空调生产企业，乙企业是面向工业的大型空调生产企业，两家企业的商业模式有本质上的区别。乙企业采取订单制，来一个订单就生产一个订单，库存量就很低；甲企业很难获得消费者对不同型号空调需求的准确数据，往往库存量高。所以直接对比，认为乙企业的库存周转指标优于甲企业，建议甲企业对照乙企业进行改善，这就是不适当的结论和建议。但如果甲企业对照自己三年的库存周转率，发现周转速度越来越慢，甲企业就需要警醒，思考如何改善了。

需要强调的是，**不仅要分析库存周转率总指标，还要关注库存的构成，即原材料、自制半成品以及产成品之间的比例关系，以及各自的周转情况。**丙和丁企业的基本数据如表 3-13 所示。

表 3-13　丙和丁企业的基本数据

单位：万元

项目	丙企业	丁企业
营业成本	10,000	10,000
库存平均余额	2,000	2,000
库存构成：		

续表

项目	丙企业	丁企业
原材料	1,000	500
在产品	500	500
产成品	500	1,000

如果仅分析库存周转率，丙和丁企业完全一样，都为 5 次。但如果深入关注库存的构成，可以发现，丙企业的产成品周转率为 20 次，而丁企业为 10 次，丙企业显著高于丁企业。由于丙和丁企业所在的行业，未来原材料价格预期会上涨 20%，这个时候丙企业的原材料库存充足，对丙企业的经营非常有利。

看上去库存周转率没有差别的企业，实际上未来的成长会不一样，可见分析库存构成的周转情况很重要。只有深入分析，才能深度挖掘不同企业的经营模式，提出有针对性的改善建议。对于采购业务而言，更需要关注原材料周转率。在下一章生产业务的经营分析中，将着重分析半成品及产成品的库存管控。

● 知识拓展

库存周转指标的计算和对比

要辨别库存构成的周转情况，需要区分各类库存的周转率，计算公式如下。

库存周转率 = 营业成本 /[（期初库存余额 + 期末库存余额）/2]

原材料周转率 = 原材料耗用成本 /[（期初原材料余额 + 期末原材料余额）/2]

在产品周转率 = 制造成本总额 /[（期初在产品余额 + 期末在产品余额）/2]

产成品周转率 = 营业成本 /[（期初产成品余额 + 期末产成品余额）/2]

库存周转天数 =360/ 库存周转率

这样分类计算库存周转率当然更加准确，但往往只能用于内部管理。有的企业希望能对标同行业的上市企业，而上市企业的公开报表通常会披露营业成本等数据，但一般不会披露当期原材料耗用成本、制造成本总额等数据。因此，为了简化运算，增强指标间的可比性，实务中计算各类库存周转率时会采用营业成本作为公式的分子进行计算。

原材料周转率 = 营业成本 /[（期初原材料余额 + 期末原材料余额）/2]

在产品周转率 = 营业成本 /[（期初在产品余额 + 期末在产品余额）/2]

产成品周转率 = 营业成本 /[（期初产成品余额 + 期末产成品余额）/2]

库存总周转天数 = 原材料周转天数 + 在产品周转天数 + 产成品周转天数

< 案例解析 >

C 企业的库存周转率分析

C 企业对自身 2018 年及 2019 年的库存周转以及竞争对手的情况进行了分析，参见表 3-14。

表 3-14　C 企业 2018 年及 2019 年的库存周转分析

单位：天

指标	2018 年	2019 年	2019 年竞争对手
原材料周转天数	34.6	24.7	35.4
在产品周转天数	8.9	11.1	6.5

指标	2018 年	2019 年	2019 年竞争对手
产成品周转天数	40.5	42.0	33.7
库存总周转天数	84.0	77.8	75.6

可以看到，虽然 C 企业 2019 年的库存总周转天数较 2018 年有所下降，但只有原材料的周转速度在加快，而在产品、产成品的周转速度变慢；而且从和竞争对手的数据对比来看，C 企业的在产品、产成品的周转速度远不及竞争对手。C 企业的改善并非良性，因为产品生产和销售的速度并没有变快，不会真正提升效益。

访谈中，管理人员和员工都反馈，企业一刀切，为了减少库存，要求不科学合理，比如常规材料一律不允许备库存，需要的时候即时采购。这样导致采购部的工作量比较大，生产紧急需要的时候，采购部可能来不及下单。生产人员为了抢进度，甚至会私下紧急购买一些助剂、溶剂等，事后再找企业报销入账，反而导致了入账不及时、不规范，产生了管理的风险。

降低库存其实对企业的生产现场管理要求极高。库存少，当出现原材料到货不及时时，容易导致生产现场停产，这样就使得在材料到货后，工厂加班加点赶产。面对这样的情况，丰田生产方式的做法可能是叫停，分析哪个环节出了问题，然后改善，结果是锻炼了员工，加强了生产现场管理。

而 C 企业主要用原材料周转指标考核采购部门，用在产品周转指标考核生产部门，用产成品周转指标考核销售部门。采购部门更多地关注自身的原材料库存，力图控制得越低越好。当生产现场缺货时，生产部门又通过自身的方式去解决，并没有把真正的问题暴露出来，部门之间的协同效应并没有提高，导致不够的物料还是不够，物料多余的继续生产。

当 C 企业意识到自身的问题后，调整了一刀切的做法，鼓励各个部门思考，成立了专项课题小组，对原材料的合理库存进行研究。

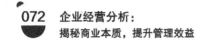

安全库存真的安全吗

在理想的状态，材料不到不得已的时候先不买，按照刚好赶得上的时间生产，生产出来以后马上交货。实际上，有些材料不是马上买就能买到，供应商可能因为各种问题供货没有那么及时。特别是碰上新冠肺炎疫情等特殊情况，每日的需求量、交货时间、供应商的配合程度等要素的不确定性会增强，如果这些因素控制不好，企业就会断货，造成巨大损失，因而企业不得不考虑合理的安全库存。那么安全库存怎么设定呢？

实务当中，所谓的安全库存并不安全，或者过于安全。**很多企业在设定安全库存时并没有科学理性地考虑，虽然设定了安全库存，但实际库存与安全库存的偏差极大。**笔者走访一家家电零配件企业时，发现这家企业290种物料中，有55种设置了安全库存，但这55种物料的实际库存占安全库存的比例不等，安全库存形同虚设。

安全库存的设定确实很复杂，虽然有理论公式，但是实际操作中，理论公式仅供参考。主要还是根据企业的历史数据、采购人员的经验进行设置，设置后还需要不断地验证，然后确定合理的库存量。

● 知识拓展

安全库存的理论公式

理论界关于安全库存的计算方法和公式有很多，本章引用实务中相对简单的方法和思路。[1]

传统方法

1.当不确定性主要来自需求端

如果对需求的预测越准，意外需求发生的可能性就会越小。因

---

[1]　许栩.从头细说安全库存[EB/OL].2018-08-26.

此，企业需要不断完善对需求的预测。

当需求很不确定时，安全库存 = 日均需求量 × 紧急采购周期

2.当不确定性主要来自供应端

如果供应的不稳定性越小，意外发生的概率越小。企业可以让供应商知悉生产计划，以便供应商尽早安排。企业还可以缩短订货周期，让订货时间尽量接近需求时间，订货周期越短，发生意外的可能性越小。

当供应很不确定时，安全库存 =（单日最大用量 - 日均用量）× 订货提前期

统计学方法

运用统计的手法分析前 6 个月甚至前 1 年的物料需求量，从而求出标准差。

安全库存 = 日均用量 × 一定服务水平下的前置期标准差

< 案例解析 >

C 企业的安全库存设置

实务中，安全库存的设置会借鉴理论的思路，但操作起来跟企业的现状密切相关。C 企业财务部组织采购部、生管部等进行讨论，根据过往的采购经验，对于 C 企业而言，无论是常规物料还是非标物料，只要是长周期采购的物料就会存在缺货风险。因此 C 企业决定对长周期物料（即备货周期超过 14 天的物料）设置安全库存，经研讨最终确定了企业的安全库存的计算标准，参见表 3-15。

表 3-15　C 企业安全库存的计算标准

步骤	数据	数据来源
（1）取月需求量和月均用量的较大值作为月采购量	物料月需求量	每月成品订单的数量和 BOM 用量配比计算得出
	物料月均用量	该物料前三个月的平均出库量
	物料月采购量 =MAX（物料月需求量，物料月均用量）	

步骤	数据	数据来源
（2）设定备货周期，备货周期超过14天的物料，设置安全库存	物料备货周期	备货周期主要考虑以下因素： （1）供货方回复的周期 （2）供货方的运输周期 （3）供货方过去的准交率以及质量情况，如果供货方过去存在质量问题或者交付不及时的情况，那么综合以上要素考虑，设定各物料的备货周期
（3）计算安全库存	月采购量 × 备货周期 /30	—

　　C企业在设定安全库存后，连续跟踪6个月进行了合理性验证。当物料月紧急采购≥3次时，说明安全库存可能设置过低，仍然较频繁地紧急采购，应调高安全库存。

　　半年后，C企业的长周期物料供货稳定，实际库存也基本上维持在安全库存的水平。

建立与供应商的战略合作关系

由于新冠肺炎疫情的影响，很多企业特别是在汽车、家电等竞争激烈的行业，经营困难。

在这种情况下，一方面，一些企业会将压力转移给供应商，导致供应商的利润越来越少。另一方面，一些企业对供应商付款的周期延长，比如90天账期再加6个月的承兑汇票，供应商要在270天以后才能收到款项，资金链十分紧张，结果一批供应商倒闭，企业也意识到唇亡齿寒，没有供应商为企业供货。

传统采购和供应商管理注重短期的利益，和供应商之间是一种临时性的、短期的合作关系，二者之间更多的是相互竞争的关系，很难达到双赢、共生的局面。

而现在企业与供应商不再只是单纯的供需买卖关系，其成功转型为战略合作伙伴关系。**战略合作，意味着企业不能只是转嫁压力给供应商，而要帮助供应商提升能力，双方互利互惠，建立长久、健康的合作关系。**

防患于未然：评估现有供应商的经营风险

企业会根据供应商调查表信息及走访供应商现场的评审结果共同判定供应商准入资质。入围的供应商意味着其在资格认证、产品质量、信用程度上都是可靠并值得信赖的。很多企业在评估供应商的准入资质时比较谨慎，通过详细的量化评分系统去考核供应商的综合能力，这里就不再赘述。

虽然实操中不可避免在这个环节存在一些漏洞，比如有些小的供应商仍然靠关系入围，有些供应商在当地的口碑较差但考核时并未发现等，但近几年已经改善很多，大多数企业已有很强的风险意识和鉴别能力。

然而在实操中，企业在供应商的日常管理方面的关注度是不够的。许多企业的采购人员反馈，每天的采购业务工作量繁重，二三十人的采购部门，只有两三个人专门负责供应商管理；但基本精力都花在寻找潜在的供应商（因为不断有新工艺、新技术、新材料出现）及处理有质量问题的供应商问题，根本没有时间定期拜访供应商，已经多年没有去过供应商现场了。

那采购人员怎样了解供应商的经营情况呢？较常见的做法是，采购人员每年都按照供应商评估表打分，评价供应商的供货业绩，确保供应商能力与业绩满足企业要求；至于供应商自身的经营，那是他们自身要解决的问题，跟企业的关系不大。这就是很典型的企业对供应商漠不关心的态度，只要他们能达到企业供货要求就可以。这样的心态可能导致一些本来比较优质、有潜力的供应商破产，企业又要花大量的精力继续寻找符合要求的供应商。结果是整体供应商的水平仍然没有提升，企业无法和供应商建立相互信任、合作共赢的关系。

如果企业平时就对供应商有更多的了解和关注，掌握重点供应商的经营情况，评估供应商可能的经营风险，给予有针对性的激励和帮扶，那么企业获得的回报会完全不一样。有些采购人员有这样的意识，但他们并不知道怎么做。对于供应商的日常管理，财务人员要参与，供应商提交的财务报表，财务部门应该审核并发表意见。当然对采购人员也应该进行培训，采购人员需要学会看懂基础的报表。企业推进的业财融合是双向的，财务要参与业务的关键风险点控制，而业务人员也需要学习一些基础财务知识。

不能仅仅是采购人员走访供应商，企业的财务、质保、内审等部门都应该参与，从不同维度给予专业意见。如果企业做不到对所有供应商定期走访，那么至少要做到年度现场调研核心供应商，实时掌握其经营动态。

< 案例解析 >

C 企业的供应商经营风险评估

C 企业对供应商的供货业绩进行月度、年度评定，评分表如表 3-16 所示。

表 3-16　C 企业供应商供货业绩评分表

序号	内容项	周期	权重（100分）	评分规则	评定部门
1	质量异常	每月	20分	质量异常批次率＝质量异常批次/交付批次数 质量异常批次控制率＝实际质量异常批次率/目标异常批次率（目标异常批次率每年由生产管理部设定） 当质量异常批次控制率≤1，评分为20分 当1＜质量异常批次控制率≤1.5，评分为16分 当1.5＜质量异常批次控制率≤2，评分为12分 当质量异常批次控制率＞2，评分为0分	质保部
2	停线	每月	15分	月度停线＝0，评分为15分 月度停线≤30分钟，评分为12分 30分钟＜月度停线≤60分钟，评分为9分 月度停线＞60分钟，评分为0分	质保部
3	按时交付	每月	25分	交货及时率＝在规定期限内及时交付批次/应交付批次 交货及时率≥98%，评分为25分 95%≤交货及时率＜98%，评分为20分 90%≤交货及时率＜95%，评分为15分 交货及时率＜90%，评分为0分	各工厂

序号	内容项	周期	权重（100分）	评分规则	评定部门
4	价格年降	每月	25分	年度要求的降价目标完成情况 降价目标达成率 = 实际降价比例 / 目标降价比例（目标降本比例每年由降本委员会确定） 降价目标达成率 =100%，评分为 25 分 80% ≤ 降价目标达成率 < 100%，评分为20 分 60% ≤ 降价目标达成率 < 80%，评分为15 分 降价目标达成率 < 60%，评分为 0 分	财务部
5	技术能力	每月	15分	年末进行技术开发能力评定 优秀级：15 分 良好级：12 分 达标级：9 分 未达标级：0 分	研发部

评定等级说明：

按月度评分的，年度实际得分为各月得分的平均数

年度综合评分为各项实际得分之和

综合评分 ≥ 90 分，评定等级为 A 级供应商

75 分 ≤ 综合评分 < 90 分，评定等级为 B 级供应商

60 分 ≤ 综合评分 < 75 分，评定等级为 C 级供应商

综合评分 < 60 分，评定等级为 D 级供应商

　　C 企业根据上述评分表把供应商评定为 A、B、C、D 等级。可以看到 C 企业对供应商的评定维度较全面，有较为严格的评定标准。能够成为 A 级供应商，无论是在产品的质量、交付的及时性、价格的合理性、技术研发的能力上都是较为优秀的。C 企业需要用心关注和维护 A 级供应商。C 企业要求 A 级供应商必须每年提供报表数据，由采购部、财务部、质保部、研发部成立供应商调研联合小组，该小组必须每年走访一次 A 级供应商的生产现场。

　　C 企业发现 A 级供应商中有一家关键零部件供应商心阳（为化名），

其提供的报表数据中，利润显示为亏损 4,000 万元，这引起了企业的高度关注。心阳与 C 企业合作了 10 余年，其 80% 的营收来源于与 C 企业的合作。之前由于拜访工作的缺失，C 企业对心阳情况了解有限，并不清楚其发生亏损的原因。

在走访心阳前，C 企业请心阳按照生产的工艺流程提供人工和费用方面更为明细的资料，供现场调查时核查。C 企业现场调查核实的内容参见表 3-17。

表 3-17　C 企业供应商现场调查核实内容

序号	现场调查核实内容
1	不动产（房屋、土地）的原值及折旧
2	固定资产清单（直接设备和辅助设备）、设备的运行情况
3	水、电、气等能耗情况
4	人员架构及薪资
5	包装、运输费用情况等
6	产品合格率情况

心阳提供资料后，供应商调研联合小组对心阳进行了现场调研，发现了以下情况。

·心阳为满足 C 企业的产品产量及品质要求购置了 4 台新设备，导致折旧增加，但 C 企业仍按照原来的设备折旧基准对心阳的产品进行核价，所以报表显示心阳的利润越来越少。

·心阳目前订单数量不足，设备开动率仅有 60%。

·心阳招聘了较多的一线工人（临时招工困难，担心订单量增加后无法在短期内招到人员，不得不进行人员储备），并配套招聘了检验工。心阳的企业组织架构较为臃肿，人力成本较高。

·C 企业对心阳的账期是 9 个月（3 个月结算 +6 个月银行承兑汇票）。

心阳目前的资金链比较紧张，依赖9%年利率的民间借贷维持资金链平衡。

供应商调研联合小组认为心阳存在以下风险。

·持续经营风险，如果订单量持续不足，设备开动率低，企业一直处于亏损状态，可能很难存续。

·现金断链风险，如果资金持续紧张，一旦出现断裂，企业有可能会直接倒闭。

心阳的情况比较危急，让人担忧。供应商调研联合小组向企业管理层汇报后，企业决定帮扶供应商心阳。

如何对供应商进行帮扶和持续改进

建立对供应商的走访机制，不仅能实时地了解供应商的生产经营状况和资金情况，也有利于与供应商建立友好紧密关系。**在深入了解供应商现状后，企业要建立供应商帮扶的标准**，比如上述案例中C企业对有困难的A级供应商进行帮扶，这类供应商往往是企业定义的战略合作伙伴。

对有资金压力的供应商，主要帮扶的策略有预付供应商款项和加快结算工作。不过这两种措施都会消耗企业本身的资金，因而有些企业更倾向于帮助供应商融资，但这又会让企业承受一定的风险。

对于运营不善的供应商，主要帮扶的策略有安排专业技术人员去供应商现场指导，协助供应商改善质量、降低成本。但一些看似是供应商的运营问题，根源也许在于企业本身，比如供应商现场的大量库存积压，可能就是企业给供应商下的订单数量不准造成的。企业自身需要改良采购计划流程，这样才能有效帮助供应商。

为了帮助供应商持续改进，很多企业让供应商直接参与有关零部件设计工作，不断进行技术交流，使得供应商的开发周期大大缩短，也保障了开发的产品质量，从源头上控制成本。优化供应商比采购谈判压价来得更有效、更长久。

< 案例解析 >

C 企业的供应商帮扶策略

1. 缓解资金压力

为缓解心阳的资金压力，C 企业采取两大措施：第一，加快结算和付款进度；第二，通过供应链金融的方式帮助心阳融资。

C 企业财务部牵头组织会议讨论，首先 C 企业采取现金付款，不再使用 6 个月银行承兑汇票。接着商议，如何缩短 3 个月的结算周期。

现有的结算流程是：

·质保部、生产工厂对零部件进行验收；

·未达验收标准的，要求供应商继续调整；

·对达到验收标准的，质保部出具验收单；

·采购部通知供应商开票，收到发票后，在系统中提交结算单；

·财务部进行结算审核，安排给供应商付款。

在流程（2）环节，由于细微的调整较多，耽搁的时间较长，影响了整个结算流程的进度。

经讨论后，决定对现有的结算流程进行优化。优化如下：

·质保部、生产工厂对零部件进行初步验收，如果核心参数和功能都符合要求，则出具核心功能合格报告；

·根据核心功能合格报告，采购部通知供应商开票。质保部要求供应商同步进行其他功能的整改完善；

·收到发票后，采购部在系统中提交结算单。财务部进行结算审核，安排给供应商付款（在付款方式上，修改和供应商的合同，留 20% 的质保金）；

·在供应商全部整改完毕后，达到验收标准的，质保部出具验收单；采购部通知供应商开质保金 20% 的发票；财务部进行结算审核，安排 20% 的质保金付款。

上述措施实施后，心阳在 1 个月内就开出了为合同款 80% 的发票，并收到了款项。

C企业和自身合作的银行以及其他金融机构进行沟通，由心阳向金融机构贷款，C企业为该项贷款提供信用担保，帮助心阳解决了流动资金短缺的问题。但C企业需要对心阳健康平稳的运营更加关注，一旦心阳的运营出现问题，无法偿还贷款，C企业就要为此承受巨大损失。

2. 找到成本改善空间

除了给心阳输血，更重要的是帮助心阳提升造血能力。对于心阳的亏损，C企业采取两大措施：

第一，帮助心阳分析成本改善点，提升心阳降本增效的能力；

第二，对心阳的改善体系、改善效果进行公正的评价，当心阳成本数据有明显改善时，给心阳更多的订单。

C企业和心阳通过对心阳的产品报价明细进行分析，共同制定了中长期改善课题。心阳产品报价明细参见表3-18。

表3-18　心阳产品报价明细

单位：元

项目	心阳报价	C企业核价	备注
原材料			
原材料00012	1.71		
原材料不良损耗	0.09		
小计	1.80	1.80	原材料核价与报价一致
加工费			
工序1加工成本	0.54		
工序2加工成本	1.23		
工序加工成本小计	1.77	1.77	加工费核价与报价一致
工序1加工不良成本	0.08		
工序2加工不良成本	0.18		

续表

项目	心阳报价	C 企业核价	备注
加工不良成本小计	0.26	0.03	对于不良成本，核价与报价不一致，C 企业能接受的不良成本与心阳的差距较大
小计	2.03	1.80	
包装运输费用			
内包装	0.05		
周转箱	0.06		
小计	0.11	0.11	包装运输费用核价与报价一致
期间费用（上述三项成本加总的 8%）	0.32	0.30	
产品全成本合计	4.26	4.01	
产品利润（产品全成本合计的 10%）	0.43	0.40	
产品报价（产品全成本合计＋产品利润）	4.69	4.41	

心阳的加工不良成本为 0.26 元，高达报价金额的 6%。而 C 企业在核价时，根据其他供应商的正常不良率水平，核定心阳的加工不良成本应该为 0.03 元。当 C 企业计算出的心阳的产品定价为 4.41 元，而心阳的产品成本为 4.26 元时，心阳的产品利润率仅为 3.5%。

不良率下降是心阳的管理改善重点。C 企业和心阳一起针对不良率下降的改善课题制定了详细的改善计划。C 企业派驻技术专家给予心阳足够的支持，在生产过程的关键环节进行指导，并且主动为供应商提供员工培训，包括技术培训和管理培训，提高其员工的技能和素养。

半年后心阳的加工不良成本由 0.26 元下降为 0.06 元。心阳扭亏为盈，拥有更强的技术和管理能力，成为 C 企业坚实的战略合作伙伴。

现在的趋势是模块化供应商（有的企业叫系统化集成模块或总成与分总成）。模块化之前，企业要对接多家供应商，对这些供应商进行管理。

模块化之后，只和一级模块供应商签合同，管理一级供应商，一级模块供应商再管理二、三级供应商。这对一级模块供应商提出了更高的管理要求。一级模块供应商只有提升自身的资金效率和造血能力，才能运用自己的管理经验管理好二、三级供应商，使得整个供应链生态圈都处于良性发展中。

第 4 章

生产业务的经营分析

扫码即可观看
本章微视频课程

➤ 从一个案例说起：

　　D 企业是一家大型装备制造业企业，其业务发展良好，销售订单稳步增加，原先有两个工厂，后来在异地新建了两个工厂。企业的董事长是销售出身，不熟悉工厂管理，他常表述："工厂管理犹如一个黑匣子，让人摸不透。"因此，他一直以来都充分授权给工厂厂长，由工厂厂长进行管理。这两年董事长从财务数据上看到，企业的成本消耗越来越大，利润越来越少，毛利率在近五年期间下滑了 10%。

　　董事长开始去各工厂车间视察。通过观察，董事长认为所有工厂都没有采用"5S 现场管理法"[①]，工厂的物料堆放混乱，环境不整洁，人员磨洋工。

　　董事长预计未来几年企业的销售订单还会持续增长，现有四个工厂必须降本增效，否则销售额增长但利润无法增长，甚至无法承接未来的订单。董事长给四个工厂厂长及财务部分别布置了硬性任务，要求半年内工厂有降本增效的改善成效，毛利率水平回升。

---

① 5S 现场管理法，即整理（Seiri）、整顿（Seiton）、清扫（Seiso）、清洁（Seiketsu）、素养（Shitsuke），起源于日本，是指在生产现场中对人员、机器、材料、方法等生产要素进行有效的管理。

如何拧出"毛巾里的水"

要了解现场

这几年来很多企业确立了降本增效的目标，可是企业的管理人员、财务人员对生产一线的情况不了解，自然不知从何做起。

丰田生产方式强调"现地现物"，解决问题的第一步，确认究竟发生了什么，实际到现场，亲自观察现物。大野耐一曾说过：**"试着一整天都站在现场，这样你就会自然而然地知道必须要做什么。"**[①]

很多企业都在学习日本企业的"三现主义"，即现场（事物发生的场所）、现物（变化的或有问题的实物）、现实（发生问题的环境、背景和要素）。执行到位"三现主义"是能够管理好生产现场的根本。

如果财务部门不去现场、不了解产品的生产工艺，就不能真正做出对生产有帮助的分析，不能识别出生产中的差错。很多企业意识到这点，会硬性规定财务人员一个月内在工厂待几天。车间统计员出身的财务人员，往往分析起来会比较得心应手。

要对生产成本进行管理，首先要对其构成进行分析。成本有很多名称，也有多种分类。传统生产成本划分为料（直接材料）、工（直接人工）和费（制造费用）。这种划分方式被所有的企业在对外披露财务报告时使用，为了符合企业会计准则的要求，并能对标同行业企业，企业在设置成本科

---

① 河田信.回归原点：丰田方式的管理会计 [M].赵城立，译.北京：机械工业出版社，2012:15.

目时，一级科目基本按直接材料、直接人工和制造费用设置，二、三级科目根据企业的实际情况设置。

要有侧重点

成本管理不是越细致越好，管理本身是有成本的，所以成本管理也要符合经济效益原则，瞄准要点、重点突破。 比如在大多数制造业企业中，如果料的成本占生产成本的 60% 以上，那么料的管控肯定是重点，除了前述的在采购环节中对原材料的管控，在生产环节中管控材料，让其合理消耗也尤为重要。笔者曾经走访的一个制造业企业，它的材料成本占生产成本的比重达到 80%，人工成本仅占 7%，但这个企业并不是很重视管控材料，总是想着怎么控制工人的数量和工资。花了很多力气，但收效甚微，这就是没有瞄准要点造成的。

又比如大多高科技企业的固定资产投入较少，企业核心的要素是人，人工成本的占比往往高达 70%。这些企业的核心竞争力来源于高端人才，企业需要用高薪吸引并留住人才，所以成本很难降下来，因此应重点关注如何提高人效。分析、改善人效指标，是这类企业成本管理的特点。

再比如一些原材料简单，但拥有特殊生产工艺的自动化企业，其材料成本、人工成本占比都不算太高，但机器设备的损耗较大、能耗也高，导致制造费用占总成本比重高达 40%。这类企业的管理重点是对制造费用进行细致的统计和分析，看是否有改善空间。

在实务中，企业常把降本比喻为拧毛巾。在用力拧毛巾之前，先看毛巾湿不湿、哪里湿，然后再用力拧，这样毛巾才能拧干。很多企业特别是中小制造业企业，只要找到了方法，是比较容易大幅降低成本的。

怎样管控好材料成本

在实务中，标准成本法和定额成本法运用得比较多，两者的思路和实施环节基本一致，都是事先制定产品的基准成本（即标准成本或定额成本）作为产品应该发生的成本，并以此作为成本管控的依据。将实际消耗水平和基准成本进行比较，计算差异，并且分析差异发生的原因，采取措施，挖掘潜力，降低成本。

两者主要的区别如下。标准成本法一般不按产品计算实际成本，只计算产品的标准成本，一般在一个会计年度内是固定不变的，具有较强的稳定性和约束性。定额成本法则要将定额变动差异分摊到产品成本中，将定额成本调整为实际成本，定额成本法指的是在当时生产技术条件下各项消耗上应达到的成本标准，定额是可以变化的。标准成本法适用于标准管理水平高、成本稳定的机械制造类企业，定额成本法的适用范围相对更广。

不少企业仍采用实际成本法，通过与上期成本及同行业的成本比较来进行成本分析和考核，由于信息技术的应用，实际成本法工作量大的问题也在一定程度上被解决。但为了更好地对成本进行预测、计划和管控，企业可逐步建立确定成本费用的定额或标准的机制。

分解才能知变化：直接材料成本的差异分析

直接材料价差、量差分析

材料成本的变化受两个因素影响：一是单位消耗量，二是购进价格。

通过价差、量差分析可以将材料成本的变化额分解成：单位消耗量变化对材料成本的影响和价格变化对材料成本的影响。

材料成本差异 = 实际产量下的实际成本 − 实际产量下的标准成本

分解为：

价格差异 =（实际价格 − 标准价格）× 实际用量

用量差异 =（实际产量下的实际用量 − 实际产量下的标准用量）× 标准价格

材料价格差异受各种主、客观因素的影响，较为复杂，比如市场价格的变动、材料采购来源的变动、紧急订货等，由于它与采购部门的关系更为密切，所以其主责部门是采购部门。与采购相关的内容详见第 3 章，本章不赘述。

而用量差异的形成原因也是多方面的，有生产部门的原因，也有非生产部门的原因，其责任需要通过具体分析才能确定，比如材料浪费、废品损失、材料质量不过关等。主责部门往往是生产部门，企业主要通过生产部门合理安排生产、合理下料、改进工艺配方等方式节约材料用量。

〈 案例解析 〉

D 企业的材料成本差异分析

D 企业在 2020 年 9 月，刚好完成预期的生产量要求，但分析材料成本时发现，材料的实际总成本 5,506 万元，定额成本 4,860 万元，差异额 646 万元，差异率达 13.29%。

D 企业对材料成本进行了分项分析，参见表 4-1。

表 4-1　D 企业材料成本分项分析

单位：万元

直接材料项目	定额成本	实际成本	成本差异
材料大类一	2,650	3,250	600

续表

直接材料项目	定额成本	实际成本	成本差异
材料大类二	1,770	1,820	50
材料大类三	243	256	13
材料大类四	110	97	−13
材料大类五	87	83	−4
合计	4,860	5,506	646

可见，在五大类材料中，有三类成本超支，两类节约。而材料大类一的超支金额高达 600 万元，约占总超支金额的 92.88%，所以应重点分析材料大类一。

D 企业一共有四个工厂。此次改善选取了工厂甲为样板工厂，对工厂甲的材料大类一消耗明细进行了价差、量差分析，参见表 4-2。

表 4-2　工厂甲关于材料大类一的价差、量差明细分析

生产工厂	材料编号	定额			实际			成本差异		
		标准用量/(件)	标准单价/(元/件)	定额成本/元	实际用量/(件)	实际单价/(元/件)	实际成本/元	价差/元	量差/(件)	成本差异额/元
工厂甲	DE0023	3,630	740	2,686,200	4,400	730	3,212,000	−44,000	569,800	525,800
	DX0009	35,810	110	3,939,100	41,000	115	4,715,000	205,000	570,900	775,900
	……			……			……	……	……	……
	小计			9,174,090			12,235,240	34,360	3,026,790	3,061,150

分析结果发现，工厂甲材料大类一的定额成本是 9,174,090 元，实际成本是 12,235,240 元，成本差异额为 3,061,150 元，差异率达 33.37%。其中价格差异仅为 34,360 元，3,026,790 元的差异都是量差。

从表 4-2 显示的 DE0023 和 DX0009 材料的数据可以看到，实际用量比标准用量高出很多。这说明工厂对物料消耗的管控不力，亟待提高物料消耗的管控水平。

D企业内审部门对工厂甲的物料管控过程进行了抽查，发现了以下的问题。

· 领料时，物料员为了生产方便，会领一天的用料。在填写实际生产耗用量时，物料员用当天领料量减去目测现场还堆放的剩余量，实际耗用量记载不准。

· 在车间垃圾桶里发现有大块的铜，角落里还有一些废弃的材料。

· 在每月末盘点时，只是抽盘，并且用目测和称重法，库存数不够精确。

内审部门认为工厂甲在材料的成本核算和实务控制上存在较大的漏洞，要求工厂甲进行整改。

如何改善材料成本的差异

笔者之前认为在大中型企业应该不会存在材料出入库管理不规范的问题，但实际上很多大型制造业企业，甚至是一些外企的工厂，材料的出入库管理仍然存在各种问题。比较典型的问题如下。

· 入库的手续不全：有些材料可能未验收就直接入库，之后验收人员再补签字；缺乏采购清单、送货单等原始单据。

· 出库的手续不全：有时候未填写领料单就领料，未使用完的材料不退库，台账没有实时记录。

· 仓库物料编码混乱：部分物料无编码，部分物料重复编码。

· 无有效的实物保管措施：其他部门人员可以随意进出仓库，拿走物料。

· 无定期盘点制度：有些物料长期未盘点，盘点时无财务人员参与。

· 没有严格执行物料先进先出制度。

这些问题在许多工厂或多或少地存在。

管理水平高的工厂，可能会有严格的出入库管理制度；物料编码会由专门的人员控制生成；每个仓库会设两个库管，分工明确，其他人员不得随意出入；每月都会盘点，内审和财务都会参与监盘工作等。但实际执行内控制度的时候效果还是会打折扣，实际执行力不足有可能导致材料过度消耗。

管理水平差一些的工厂，可能就没有完整的仓库管理制度；仓库管理人员本身的意识比较薄弱；物料处于随意堆放状态；物料编码随意生成、随意弃用等。在仓库管理制度的设计和执行上都存在较大的漏洞。

材料的量差分析，可以帮助识别哪些车间和工厂存在哪些物料耗用不合理的问题，对生产现场管理进行预警。但生产现场发现了问题后，必须马上改善，不能拖拉不改。要求现场管理从小问题开始，日清日结，持续完善。

消灭历史遗留问题：仓库盘点管理

有的企业因为自身历史遗留的问题太多，仓库管理混乱，入库数和出库数都不准，不知从哪入手开始改善管理。

"期初余额数＋本期入库数－本期出库数＝期末余额数"，这是进销存管理的基本公式。这个公式看上去简单，但实际涉及多种类型，比如本期入库包括采购入库、生产入库、委托加工入库、调拨入库等，本期出库包括生产出库、销售出库、委托加工出库、调拨出库等。如果合理运用这个公式，每一种出入库类型都跟财务单据、科目相匹配，那么账目的数据会很清晰。

如果出入库时不填单据、乱记科目、盘点走形式等，就会导致公式左右值不等。为使公式左右值相等，企业根据盘点的期末余额数倒轧，反推出本期出库数，但又和出库的实际单据加总数对不上。

在这种情况下，建议企业从全面盘点仓库开始，搞清楚材料库存的余额，将其作为期初余额数。从此每月盘点一次（重点物料可以每周盘点一次），确认企业的期末余额数。然后把这期间的每一笔出入库单据都进行复核，查看每一笔物料出入库时是否按照制度要求执行，未按要求执行的，严惩相关人员。无论是全面盘点，每月、每周坚持盘点，还是对出入库单据进行严格检查，这些都是很耗人力、物力的，还会影响生产。如果企业能坚持三个月，帮助仓库管理相关人员养成良好的习惯，那么三个月后企业的仓库管理水平将大幅提高。

三个月之后，企业可以只是每月盘点，对重点物资的出入库进行抽查。需要说明的是，这里的三个月只是按经验估计的时间，具体的周期可能还要根据企业的规模、材料的品类、仓管人员的人数和管理水平、信息系统的功能、执行力和企业文化等综合决定。有的企业可能一两个月就能理顺，有的企业可能需要半年以上。

对于企业来说，盘点是成本管理的起点，也是企业在对生产经营分析的过程中需要掌握的基础技能，即使是管理水平较高的企业，也可能存在各种盘点问题。下面将介绍盘点时需要注意的事项和技巧。

一、盘点方法

1. 关于静态盘点

· 企业会问动态盘点好还是静态好，答案是毋庸置疑的，能静态盘点的就静态盘点。但企业的顾虑是生产进度，企业选择全面盘点的时间可以是生产上停产休息的时间段，比如五一期间生产车间会休息两天，就可以选择五一期间盘点。

· 原则上盘点当天存货不移动，即不发生出入库，如果盘点当天由于经营需要发生出入库，在盘点前将当天预计出入库的存货都单独存放，并保留当天出入库原始凭证。生产车间保管的半成品应统一整理在规定区域，与未入库的半成品明确区分，原则上盘点当日半成品不出入库。

有的企业管理层在意识到盘点的重要性和自身管理问题的严重性后，可能会要求在不影响交货的前提下，停产两天进行盘点。

2. 关于盘点方式

全面盘点要求从账到物，从物到账，既要盘点账面上记录的存货，也要对未入账但实际存在的存货进行全面清盘。如果企业多年未进行全面盘点，那么全面盘点后可能账和物出入比较大。很有可能账面上记录的一些物资找不到了，一些物资没有记录在账面上。在盘点结束后，需要商议账务如何处理和调整。

二、盘点前准备

在盘点前，企业要将仓库存货整理好，尽量做到同类存货堆放整齐，便于清点数量；对所有物料卡片提前进行排查，补充无物料卡片的物料；呆滞件、报废件在单独区域摆放；清理各车间及仓库死角，确保非盘点区域内没有盘点物料。

盘点计划需要包括以下四点内容：

·由财务部从系统中导出存货清单，打印盘点表（盘点表应注明品名、规格、单位、数量、盘点日期、盘点人、监盘人、存档地点等信息）；

·盘点人员分组盘点，每组由盘点负责人安排该组分工；

·依据各盘点物料的性质，提前准备盘点工具，如电子秤、叉车、人字梯等；

·盘点前召开动员会，对盘点人员进行培训。

仓库货物整理整齐、定期盘点的大型企业，一般半天就能盘点完毕，有的大型企业已采用无人机进行盘点。仓库货物摆放无秩序，事先准备工作没做好的一些中小型企业，一般一个星期都无法盘点清楚，因为容易出现漏盘或重复盘点的现象。

三、盘点过程

财务、审计人员在监盘的过程中，要警惕以下行为：

·走过场式的盘点——直接记录货位卡片上的数量而不实际进行清点；

·不关注存货的状态——不关注、不记录有毁损、陈旧的货物；

·不开箱、不开袋检查——应开箱、开袋检查箱装、袋装的存货并做好记录，但实际中为了避免损坏包装或者嫌开箱麻烦，一些人员不这样检查；

·部分物料未盘点——仓库或车间的角落，或者上锁的小仓库，无人盘点。

在盘点结束前，要再次观察盘点现场，确定所有应盘点存货均已盘点；将盘点表进行汇总，确认记录的检查结果正确。

盘点小组要细心、耐心和诚心，不粗心大意、不弄虚作假。高管层应亲自参与盘点工作，保证所有的盘点表单上的数据清晰、准确，盘点表单上有责任人签字。

四、盘点结果分析

若产生盘盈盘亏，应该由实物保管部门编制盘盈盘亏报告，对差异进行分析，查清发生盘盈盘亏的真正原因，解决相关问题，并对制度流程进行优化。由财务部编制盘点总结报告，内容包括盘点情况说明、盘盈盘亏原因分析和处理建议等，管理层审批后进行账务调整。

有的企业只重视盘亏的情况，不重视盘盈的情况，这是错误的。实际上盘盈的情况也暴露了管理上存在的缺陷，如领料单显示领用 30 个，实际可能只耗用了 28 个，实物就比账面多出了 2 个，产生了盘盈，但这并不是一个好现象，说明没有根据实际需要领料，没有严格管控。

如果差异率不大，一般企业在盘点完了以后就会忽视差异分析环节。其实企业既要盘点差异金额，也要分析差异产生的原因。虽然暂时没有大的损失，但仓库内控制度长期处于不完善、风险失控状态，带来大损失只是早晚的事情。企业要重视盘点差异分析和措施改善环节，完成盘点的闭环管理。

学会断舍离：积压物资的判定及处理

笔者在 2020 年 12 月参加一个工厂的盘点工作时，发现有一堆存货上面落了很多的灰尘，这批存货标签上的日期是 2018 年 12 月，笔者便询问车间人员具体情况。车间人员说，"因为客户的订单取消了，当时购进的这批材料无法使用，如果之后有可以用到这批材料的订单，会直接使用"。笔者继续追问："这批材料有保质期吗，如果后续使用，会影响产品质量吗？这批材料有没有保管条件，实际保管的时候有需要特别注意的吗？这批材料有跟采购部协商退还供应商吗？"车间人员直摇头说："这些都没有考虑过。"

在盘点中，如果关注存货的状态（表面有残损或陈旧等情况），比较容易发现这类积压、闲置的物资。这类物资不仅占用资金和仓库用地，还耗费保管费用。有些积压物资通过表面状态可能不易识别，通过库龄分析则可以看出。如果积压物资较多，那么对企业造成的损失是比较大的。

每个企业对积压、闲置物资的定义可能不相同，但主要有以下三种情况：

·质量合格，但库龄时间过长；

·质量合格，但因生产计划、材料定额、采购计划等变更造成的多余库存物资，这些物资预计未来很长时间都不用或用不完；

·质量（规格、型号、材质、效能）不合格的物资，包含即将失效的物资（如胶水等）、外观有瑕疵的物资、仓储管理条件导致陈腐变质的物资等。

如果企业识别出第三种物资，一般会马上处置。第一、二种物资都是可以用的、有价值的，所以企业可能不舍得、不愿意处置。

实务中的场景往往跟以下情形类似。

一家企业先定义库龄超过 1 年以上的物资为长库龄物资。按此定义，长库龄物资达到 5,000 万元。再进行未来使用量的预测，超过未来三年使用量的多余物资，定义为积压物资。如果积压物资达 2,000 万元，除了小部分可以回收利用和退货之外，其他都只能报废处理。

而企业下定不了决心处理，内部的反对声音是"万一三年以内可以用掉呢""万一三年后客户又下订单，需要这笔物资，到时候又要花钱买、花钱生产"，在这些反对声中，积压物资就一直存放在仓库中。

有的企业甚至专门租了车间和货架以存放这些积压物资，不仅所花的费用超过积压物资本身的价值，而且还助长了积压的不良风气。积压物资越来越多，最终都由企业买单。

而有的企业意识到，积压物资造成的损失非常大，必须高度重视解决积压物资问题。积压物资造成的损失参见表 4-3。

表 4-3　积压物资造成的损失

损失类型	内容	说明
直接损失	积压物资占用的资金	积压物资金额 × 资金成本率
	积压物资场地费用、货架费用、人员费用等	场地租赁费 + 货架费 + 仓管员的工资分摊
	生产多余物资的机会成本	生产这些物资耗用的资源，用来生产其他产品创造的边际贡献
间接损失	自身场地占用的机会成本	如果是新建工厂，取新建工厂的成本 说明：有的企业用的是自身场地，不是额外租赁的场地，认为没有成本；但实际上场地被占用，导致无法有空间放置新的生产线，限制了产能，这样的机会成本其实是巨大的，甚至有的企业为此付出的代价是再新建一个工厂

这些重视积压物资的企业会计算出积压物资造成的损失，进行内部通报和公示，并制定奖惩措施，将积压物资的管理列入相关部门的考核指标。

< 案例解析 >

D 企业甲工厂的盘点和积压物资处理

D 企业甲工厂进行了为期两天的全面盘点，发现了以下问题：

·部分盘点人员未参加盘点前的培训；

·有些物料保管不当，比如机油放在外部仓库场地暴晒；

·开箱检查发现，有些物资标签显示是满箱，实际数量不够，车间有瞒报数量之嫌；

·有些钢管类的重物资堆放很久，实际上无法使用；

·在车间的小仓库囤积多种型号的螺丝钉、开关等物资，实际上根本用不到。

此次盘点的相符率仅为 86%，其中：盘盈物资 14 类，金额 43.81 万元；盘亏物资 253 类，金额 136.68 万元。

甲工厂组织财务部、内审部、车间管理人员召开了盘点工作总结会议，对盘点发现的问题及原因进行分析，拟定了预防、纠正措施，经与会人员确认后实施。由财务部、内审部跟踪验证改善效果，3 个月后将改善结果向工厂厂长和 D 企业总经理汇报。

甲工厂就瞒报谎报的行为严惩了相关人员，任命了两名新的库管员，并要求库管员加强业务学习，严格执行物资管理制度，在物资出入库环节严格把关：无单据不得出入库；不得一次性多领料，用不完的必须退回入库；严格遵守物资的保管条件（比如机油必须放置在阴凉处）。3 个月后，甲工厂物资出入库管理得到明显改善，其再次组织了盘点（盘点前做了妥善的计划和培训），盘点相符率上升到 96%。

同时，D 企业将库龄 6 个月及以上未流通的物资确认为积压物资，每月组织一次评审和清理，并明确了各部门的职责，参见表 4-4。

表4-4　积压物资管理的相关部门职责

部门	职责
财务部	1.将满足积压物资条件的明细表和汇总表发送给物流部 2.负责积压物资处置过程中的核价、评估及账务处理等工作
物流部	1.确认积压物资清单 2.负责积压物资的接收、储存管理工作 3.负责积压物资的变卖、报废等工作，按环保要求处理废品
质保部	负责对积压物资的质量进行判定
技术部	负责组织积压物资处置的判定工作，协调采购部、生管部、质保部综合出具判定结果 判定的结果可分为：返工返修、回收利用、报废、退货等
采购部	负责退给供应商部分的进度跟踪
生管部	1.负责配合返工返修工作 2.负责分析积压产生的原因 3.负责生产经营过程中预防控制积压物资产生的工作
内控部	1.负责完善积压物资处理流程 2.负责制定积压物资的奖惩制度
内审部	1.监控积压物资处理流程的执行 2.审核工厂关于积压物资形成原因的分析

各部门对甲工厂的积压物资进行了评审，一次性报废积压物资83.76万元，并通报了处置结果，对历史原因造成的积压概不追责。D企业同时发布了《积压物资管理办法》，办法规定，之后形成新的积压物资，将根据积压物资形成的原因及财务部计算的积压损失，处罚相关单位、责任人。

甲工厂受益于定期的盘点、严格的出入库管理和对积压物资积极预防控制，材料的保管水平大幅提高，材料的耗用量大幅减少。2021年3月甲工厂的材料定额总成本与实际总成本的差异率控制在10%以内。

实用的材料管理工具：BOM（物料清单）

在进行材料消耗数量管理时，重要且基本的工具是物料清单（Bill of

Material，BOM）。BOM 包含了必须要使用的每种产品的材料种类、每种材料的使用数量。企业一般会考虑边角料的消耗和生产不良率综合确定消耗量。财务部门会根据 BOM 来核算材料成本和产品成本。

BOM 是接收客户订单、编制生产和采购计划、配套领料、跟踪物流、计算成本等不可缺少的重要文件，对于制造型企业来说，BOM 是企业的核心文件。正确使用与维护 BOM 是非常重要的管理工作。

产品的全生命周期过程中，存在多种形式的 BOM，主要有以下三类：

·技术 BOM——技术部门图纸所包含的物料信息；

·制造 BOM——生产计划部门根据技术 BOM 确定各个车间所需的物料，再把工艺部门提供的工艺定额添加进去，形成制造 BOM；

·工艺 BOM——工艺部门在制造 BOM 的基础上添加工艺信息，根据各订单修改工艺定额，形成工艺 BOM，下发到车间。

相同的产品在不同的企业，BOM 可能完全不同。其差异源于企业在产品设计、物料管控、加工工艺以及成本控制等方面的差异。

现在很多企业都意识到设计阶段就决定了成本的 80%，但实际中并没有予以重视。设计师、研发工程师不了解物料的成本，出于职业习惯，他们只选择性能好的材料，这样设计出来的技术 BOM 成本偏高。等到了生产阶段，为了确保产品的性能，这时候能够选择的替代材料很有限，如果客户不允许，就不能替换材料，只能通过改善工序节拍等降本。

特别是在竞争激烈的行业，技术 BOM 影响产品成本，也影响产品的竞争力。设计师、研发工程师需要对材料成本有一定程度的了解，在设计方案时考虑成本，选择性价比高的材料。有个企业曾在这个问题上特别犯难，其认为不能告诉设计师、研发工程师真实的成本单价数据，但又觉得确实需要他们设计成本最优的方案。当时财务人员出了一个好主意——对材料进行价格排序，把价格分区间赋以不同的价格系数。这样既解决了数据保密的问题，又解决了设计时需要考虑成本的问题。这个企业的解决思路值得借鉴。当然在当今时代，企业都会考虑信息泄露的风险，可是如果不共享信息，损失也很大，企业要权衡，确定合适的信息公开度。

对财务而言，BOM 的管理是一个动态过程，它的准确性尤为重要，否则财务在此基础上计算出来的产品成本是不准确的。一些企业 BOM 的更改比较频繁，有的是客户导致的（比如客户需求发生变化，客户指定了特定品牌的材料），有的是自身导致的（比如设计图纸出现错误进行更改，内部出现了新的材料，因自身生产困难调整了工艺路线等）。更新的 BOM 需要及时传递，从而使财务能及时更新成本，跟踪产品毛利率的变化。如果是客户方导致的，销售部可根据更新后的成本，向客户发起调价或索赔要求。如果是自身导致的，则内部要明确产生的损失，制定补救措施。

BOM 的管理对信息系统要求较高，特别是管理在不同信息系统中的不同版本的 BOM 时，更需要打通信息系统以实时传递数据，财务才能够及时计算出产品成本，做出对企业最有利的决策建议。企业需要不断升级自身的信息系统以实现对 BOM 的有效管理。

< 案例解析 >

D 企业的设计降本方案和 BOM 管理

D 企业要求设计师在设计阶段就规划成本最优方案。

原来设计时，产品 MV-51280 的设计师选用了性能好的隔热膜 I。在财务部给出了不同材料的价格指导后，设计师选择了性价比更高的隔热膜 II，预计会节约 18.7 万元（如表 4-5 所示）。

表 4-5　D 企业某产品的设计降本方案

产品型号	材料名称		单位成本（元/件）		单位降本金额（元/件）	使用数量（万件）	降本金额（万元）
	变更前	变更后	变更前	变更后			
MV-51280	隔热膜 I	隔热膜 II	12.38	10.51	1.87	10	18.7

设计师在信息系统中维护了该产品新的技术 BOM。该技术 BOM 被客

户认可，但客户要求分享降本的红利。经商务谈判，分享给客户的金额为
5.61 万元。

在产品批量生产后，财务部在 ERP 中发现，制造 BOM 中显示直接使用
的是隔热膜 Ⅰ，隔热膜 Ⅱ 并没有导入制造 BOM。所以预计降本金额并未实
现，但已经承诺分享给客户红利。

D 企业通报了该事件，组织各部门加强 BOM 变更管理制度的完善和执
行，并将其纳入了绩效考核。在 D 企业重视了 BOM 的变更管理后，此类事
件没有再发生。

也许读者会觉得 D 企业犯了非常低级的错误，这种情况在管理规范的
企业不可能发生。而实务中，犯这种错误的情形并不少见。特别是产品种
类多、制造工序复杂、信息系统不够完善的企业，在 BOM 的实际管理中经
常会出差错。BOM 基础管理不做好，再多的降本努力都可能付诸东流。D 企
业的教训值得深思。

人工成本的分析与管控

新冠肺炎疫情对一些企业造成了很大冲击，其原因在于招工困难。在2020年3—5月，因为各地的控制措施，所以大量的农民工留守老家，除了本地的工人能正常到岗，外地工人的到岗率几乎为零。有些企业申请复工复产获批，但工人到不了位，只能让管理人员去生产现场暂时救急，同时紧急招聘，放低对工人的要求，只要工人身体健康、年龄合适，马上就对其进行岗前培训。有的企业在各招聘平台发布招聘信息，有的企业和当地的劳务派遣机构合作，这些机构拥有大量的临时工，企业和机构签订协议后，这些临时工就会到企业工作。

然而工人到位后，问题更多了。临时工的单位时薪算下来比正式工高，正式工心里不平衡，也不想好好工作，效率直线下滑。临时工对业务操作不熟练，容易操作失误，给企业带来损失，他们怕被问责，自己就主动离开找下一家存在人才缺口的工厂。有些临时工干得还不错，企业希望能够将他们转正，结果他们想到转正后收入会下滑，还会受到更多的约束，也会离开找下一家。

2020年，一部分制造业企业基本都处于招工难的困境中。其实招工难并不是只在新冠肺炎疫情期间才存在，只不过新冠肺炎疫情犹如催化剂一样激化了矛盾，让这个问题浮出水面，被所有的管理者看到。

现代一些年轻人接受不了工厂单调、乏味、辛苦的工作环境，觉得不体面也不光荣，更愿选择送外卖、理发师等更自由的工作，不愿意当工人。现在在制造业工厂中更多看到的是年龄在四五十岁的叔叔、阿姨。在工厂，工人工资大多在 5,000—7,000 元，有专业技术的工人，如设备维修工，可以拿到上万元的工资，但房价、物价、教育费用、医疗费用等上涨速度远大于工人工资的涨速，工人对未来充满焦虑，难以沉下心来在工厂里沉淀技术。

而站在企业的角度来看，企业要用更高的薪资、更完善的社保福利制度才能招到人，人工成本相比以前大幅攀升，企业利润越来越少，一些劳动力密集的企业难以为继。制造业企业面对招工难的困境纷纷采取不同的应对方法。

一些企业用机器设备代替人，希望全面实现自动化、智能化，现在可以看到很多企业有智能化样板工厂、无人车间。服务行业也同样运用无人化管理，如无人餐厅、无人便利店、无人快递等。企业采用无人化管理并不意味着企业不需要人，企业需要的人会越来越少，未来需要的都是能管理机器设备的专业技术人才。设备管理将在本章后续内容中阐述。但企业对技术人才的招揽和管理，仍是重难点。这类人才的成本是没法降的，因此只能提高他们的工作效率和扩大他们的产出。

一些企业的产品线无法自动化、智能化，或者说自动化的效率比人工低，比如一些服装企业的定制化产品必须雇佣人工缝制。这些企业就把工厂迁移到劳动力更密集、用工成本更低的国家或地区，那里的人工成本可能不到国内成本的 1/2。这样企业就涉及不同地域的人工成本管理，对此可以进行不同地区的人效分析（单位工时产出、单位工时成本等），从而协助企业进行订单分配等决策。

什么样的企业适合计件制

直接人工成本是指直接用于产品生产的人工成本，包含工人的工资、津贴、补贴和福利费等。在实务中有计时工资和计件工资两种方式。这两种方式哪种更好？笔者仅从管理的角度看，认为"各有利弊，没有更好，只有更适合"。

一些企业家认为计件制的思路是多劳多得，可以增强员工积极性，提高生产效率，并且有助于形成员工之间良性竞争的氛围。但计件制的弊端是，员工可能只追求数量，忽视质量。

笔者曾在一个涂胶车间，观察两个熟练度相同的员工，把两块泡沫粘在一起。企业规定了涂胶的长度、路径和速度，并提供了标准辅助工装，理论上两个工人的产出应该是一样的。但一名员工生产数量更多，原因是他加快了涂胶速度，没有按规定的长度涂胶。然而企业缺乏严格的检查标准，在质量检查时只确定了两块泡沫粘在一起。结果产品到客户那里，出现了胶水没粘牢、泡沫掉下来砸到人的情况，客户投诉并要求质量赔偿。该事件严重影响了企业的声誉。

适合采用计件制的企业一般是工艺、工序相对简单，对设备的依赖性低、对员工的个人技能依赖程度比较高的企业。计件制企业尤其要加强品质管控，如在生产时要有品检人员不断巡检。

有生产淡旺季的企业，在淡季时，由于生产订单少，按计件发放的方式工资会很低，员工容易不满和流失。解决的办法通常是在淡季给员工保底的工资。在采用计件制的企业中，直接人工的标准成本表现为计件工资的单价，由于只有单一要素，工资的成本差异原因显而易见，所以无须进一步分析。

计时制工资的计算方式有年薪制、月薪制、周薪制、日薪制和时薪制。它由两个因素决定：一是工资标准；二是实际工作时间。计时工资是传统的工资形式，以劳动的直接持续时间来计量，它几乎适用于所有的工种。但更适合采用计时制的企业一般是拥有大量设备的大规模流水线生产企业。

计时工资计算简单，能够促进员工提高出勤率（要保障工作时间）和技术业务水平（不同业务等级水平的小时工资率不同）。它的缺点是并不能全面反映同等级员工在同一工作时间内的劳动成果的差别，在一定程度上会造成吃大锅饭的情况，一些员工会只出工不出力，也就是我们通常说的磨洋工现象。

实际上在行业和工种多样化的当今，单一的方式已经无法满足企业管理的需要。**计时制和计件制凭着不同的优点和适用性在不同企业的不同岗位上发挥着重要作用，企业通常会在计时或计件的基础上采用一些补充方式，完善工资体系。** 比如，上述在淡季时给员工保底工资就是在计件制的基础上补充了计时制。又比如，有的企业在实施计时制时，会同时绑定一定数量的生产任务，只有完成生产任务的员工才能按计时标准支付工资，对未完成者按一定比例扣减计时工资。再比如，有的企业采用计件制，同时设置优秀质量奖励，以免员工只注重计件数量。在采用计时制的企业中，直接人工标准成本由工资率和工时用量两个因素决定，产生成本差异时需要进一步分析。

计时制下的直接人工效率差异、工资率差异如下。

直接人工成本差异是指在实际产量下直接人工实际成本与标准成本之间的差异，可分解为直接人工效率差异和工资率差异。

直接人工效率差异（用量差异）＝（实际人工工时－标准人工工时）×标准工资率

直接人工工资率差异（价格差异）＝（实际工资率－标准工资率）×实际人工工时

直接人工效率差异形成的主要原因是工人技术状况、工作环境和设备条件等，其主责部门是生产部门。

直接人工工资率差异形成的主要原因通常有工资制度的变动、工人的升降级、临时工的增减等，其主责部门是人事部门。

〈 **案例解析** 〉

D 企业甲工厂的人工成本差异分析

甲工厂在 2020 年 9 月，生产产品 12 万件。甲工厂采取计时工资制，实际使用工时 267,000 小时。企管部定的直接人工标准成本是每件产品的标准工时为 2 小时，标准工资率是 20 元 / 时。实际支付工资是 5,246,800 元。

甲工厂 9 月实际支付工资比标准工资（120,000×2×20=4,800,000）高出 446,800 元。其中：

甲工厂直接人工效率差异 =（267,000-240,000）×20=540,000（元）

甲工厂直接人工工资率差异 = 5,246,800-267,000×20=-93,200（元）

甲工厂对差异的原因进行调查发现，9月有超过 20 名的新员工上岗，新员工的工资相对较低，导致工资率出现负差异。人工效率出现较大的正差异，是因为新员工上岗操作不熟练而产生的错误较多，设备故障停机时间比上月高出 10%，为了按时交付，不得不人工加班加点，带来较大的损失和浪费。

甲工厂进一步注重并加强对新员工上岗前操作技能的培训，严格对新员工实施"一人一档"，记录新员工头三个月每天的工作内容和品质情况，并由直接上级主管持续跟踪与指导新员工的工作情况。

人工工时管理

人工工时管理主要是员工个人工作时长总计的统计管理功能，管理人员可以详细、逐项地查看人工的数据和信息，在此基础上进行人效分析，从而管控劳动力成本，提高生产率。生产车间的工时管理重难点是标准工时的制定和维护。实务中很多企业抱怨标准工时不准，很难制定。

标准工时是指标准的作业条件下，用合适的操作方式，以普通熟练工人的正常速度完成测定工序所需要的人工时间 [1]。

理论的标准工时计算公式是：

标准工时 = 基本时间 ×（1+ 宽放率）

其中：**基本时间 = 观测时间 ×（1+ 评比系数）**

观测时间有代表性的前提是，选择的这个工人是普通的、熟练的、正常速度的操作者。如何量化定义工人是普通的、熟练的、正常速度的？实

① 张锋，殷秀清. 基于产品批量生产的标准工时测量 [J]. 山东理工大学学报：自然科学版，2014（3）：56-59.

际上很难找到这样具有代表性的工人。大家在选这样工人的时候，更多凭经验和主观评价，所以选出来的结果差异较大，在一些人眼里的正常速度，在其他人看来就是超快速度，在一些人眼里的普通，在其他人看来就是优秀。通常的解决方法是，把通过评比系数校正后的观测时间作为基本时间。

宽放率是指作业时所必需的停顿和休息时间。主要有：生理宽放：指不影响工作时间的因素如喝水、上厕所、擦汗等；疲劳宽放：在一段时间的连续工作以后有疲劳感或劳动机能减退等；间歇宽放：一定周期后的动作间隔等。企业实际可能还有一些其他的宽放情况，宽放率视企业具体情况而定。

有的企业把标准工时叫作工时定额，其性质与本章前述的材料定额一致。实务当中，有些企业用的是经验臆测法和历史记录法制定标准工时。经验臆测法的缺点是，经验和体会太依赖于个人能力，适用性不够。历史记录法看上去是收集和分析数据，有一定的科学性，但实际上员工在填写工时记录单时，很少有人会真实地记录开始、截止的准确时间，大多数人会在下班时靠记忆填写估计数，比如实际"12 分钟"可能被填成"10 分钟"或"15 分钟"。**实际上每个人的工作方法不同、效率不同，这种记录只能作为企业数据库资料，无法通过精确分析该记录得出可靠的标准。通过这两种方法制定出来的标准工时，常常被质疑其合理性和准确性。**

有的企业由 IE（Industrial Engineer，工业工程师）用科学的方法进行测量，计算得出标准工时。但实际会遇到一些困难，比如，当工人知道有人来测标准工时时，会故意放慢作业速度。当然也有企业的人员说："我都是把秒表偷偷放口袋里，趁工人不注意的时候掐表。"一旦被工人发现了，失去信任后就更加难操作了。后来 IE 用影像法解决了这个问题，虽然这种方法相对费时费力，但分析出来的数据更加可靠。IE 通过选择合适的方法克服现实的困难，最后制定的标准工时一般是系统且准确的，可以作为管理的重要依据。

为什么 IE 作为标准工时的制定人员更合适？因为有的企业一开始让计划部负责制定标准工时，计划部总是希望生产车间可以多做一些，会制定严苛的标准工时，而车间希望能留有一定余地以备不时之需。因此，两个部门会激烈地对抗，车间会对计划部表示强烈的不满，双方很难达成共识。后来一些企业就会让工艺部承担制定标准工时的职能，工艺部的 IE 会测算给出一个合理可靠值，同时跟生产车间和计划部进行协商，得到一个都能接受的宽放系数，然后计算出标准工时。产品标准工时发布之前，各个相关部门（通常包括财务部、审计部）需要进行会签。IE 还需要周期性（比如每季度）地对全企业标准工时的达成情况进行分析，鉴别出需要维护的标准工时并对其进行调整。

特别要注意的是，企业要有 ERP 工时维护人员对标准工时进行建档和及时更新。这样财务部才能实时准确分析人工效率差异和工资率差异，给予决策支持，促进生产改善。而实际操作中标准工时没有及时更新导致分析无效的情况比比皆是。企业的精细化管理之路要从基础数据的管控做起，否则再多的经营分析思路和方法也无用武之地。

难以测算的人效指标

企业家常常问："我们企业的人均产值和利润在行业中处于什么水平？在制造业整体中处于什么水平？"这个问题真的不好回答，在没有深入了解企业之前，无法判断企业的人效水平及其提升空间。

哪怕身处同一行业的两家企业，人效指标也不能直接简单地进行对比。人效指标受以下要素的影响。

· 工厂的自动化程度。自动化程度越高，人均产值可能越高。比如笔者见到过做同样产品的两家企业，一家引进德国的自动化线，一家基本上还是靠人工的生产工序。前者三个人操作一条产线，产值就高于后者十几人的生产班组。

· 产品的售价不同。生产同类产品的企业，有品牌效应的企业定价会高出很多，那么人均产值和利润也会高出很多。

· 产品的结构不同。生产类似产品的企业，一些大型集团以低端产品获取市场占有率，但利润来源于以技术取胜的高端产品。一些单体企业只有低端产品，无法与大型集团相抗衡，其人均产值和利润偏低。

·人员的结构不同。一些地方性企业获取当地工人的成本低，人员稳定。而一些企业则如前述存在招工难的问题，那么人均产值和利润就可能存在明显差距。

企业在评估人效指标时，以什么为标准呢？可以以规模、机械化程度、产品种类相似的同行数据为参考，但更有分析意义的还是和自身进行同比、环比分析。企业可以从自身的数据中发现问题，并且可在企业内部找到有可比性的部门、工厂，然后再横向比较，挖掘提效的潜力。

常见的人效指标的计算公式如下：

人均产量 = 产量 / 员工平均总人数

人均产值 = 产值 / 员工平均总人数

人均销售收入 = 销售收入 / 员工平均总人数

人均利润 = 利润 / 员工平均总人数

人均人工成本 = 人工成本总额 / 员工平均总人数

〈 案例解析 〉

D 企业的人效指标分析

D 企业把 2020 年 9 月份的四家工厂的人效指标进行了汇总分析，参见表 4-6。

表 4-6 D 企业四家工厂的人效指标分析

项目	说明	甲工厂	乙工厂	丙工厂	丁工厂
产量（万件）	Y	12	19	8	17
员工平均人数（人）	A	1,019	1,380	970	1,284

续表

项目	说明	甲工厂	乙工厂	丙工厂	丁工厂
人均产量（件／人）	Y/A	118	138	82	132
总工时（小时）	B	267,000	349,140	201,760	319,716
月人均工时（小时／人）	B/A	262	253	208	249
人工成本总额（元）	C	5,246,800	6,956,580	4,175,850	6,545,832
人均人工成本（元／人）	C/A	5,148	5,041	4,305	5,098

从表 4-6 的数据可以看到，丙工厂所在的地域招揽人工的成本相对低一些（丙工厂的人均成本是 4,305 元／人，乙工厂的人均成本是 5,041 元／人，比乙工厂低 14.60% 左右），但人均效率也非常低（丙工厂的人均产量是 82 件／人，乙工厂的人均产量是 138 件／人，丙工厂的人均产量只有乙工厂的 59.42%）。

甲、乙、丁工厂所在的地域人均成本相差不大，但乙工厂的人均产量高一些（乙工厂的人均产量 138 件／人＞丁工厂的人均产量 132 件／人＞甲工厂的人均产量 118 件／人）。由于甲和乙工厂在生产线、产品类型上基本一致，D 企业以乙工厂为标杆，为甲工厂制定了提升人效的改善目标。

乙工厂分享了自身人均产量高的经验。

·乙工厂要求部分操作员每半年进行一次岗位轮换，实施多面手培养计划，其班组长和车间负责人都是从多面手选拔上来的。这样在现场管理中，管理人员发现问题和解决问题的速度就非常快。

·乙工厂管理人员以身作则，践行"把不出错的东西传给下一道工序"的标准，杜绝"差不多就好"的观念，乙工厂的返工作业率几乎为零。

甲工厂向乙工厂深入学习了这些管理的亮点，并贯彻到日常的现场管理中，半年后实现了企业要求的改善目标。

如何分析制造费用

制造费用是指企业为生产产品和提供劳务而发生的各项间接费用，包括企业生产部门发生的水电费、固定资产折旧、无形资产摊销、管理人员的职工薪酬、劳动保护费、国家规定的有关环保费用、季节性和修理期间的停工损失等。

如果企业的厂房和生产线都是既定的布局，那么土地的摊销和厂房设备的折旧就是固定的，企业只要正确计提这方面固定的制造费用就可以了，一般不属于降本管控的重点。笔者曾提供咨询服务的一家企业，其产品成本比竞争对手高 10 元，在拿订单的时候很被动，就是因为其厂房的固定折旧比对方高。企业也想过把现在的厂房租出去再去租便宜的厂房，但现有的厂房很难租出去，即便能租出去，租金也不可能高，权衡利弊后还是使用了现有的厂房，只能再在其他的费用上去找降本的空间。这类固定制造费用总额不变，随着产量的提升，分摊到单位产品上成本就会下降；一些企业通过不断提高产量、实现规模经济效应来实现单位产品成本的下降。

然而有些费用属于变动制造费用，其总额随着产量的变化而变化，比如水电费等能源费用，产量越高，耗费的能源越多。这类变动制造费用是企业的管控重点，有较大的降本空间。下文将以能源费用为例，阐述企业如何进行分析和管控。

不可忽视的能源费用

能源是生产要素的重要组成部分。能源费用在不同企业中的占比有所不同，一般而言，家电类制造业企业的能源费用占制造费用的 10% 以上。随着环保标准的日益严格，以及受能源市场供需的影响，能源的价格持续升高。如果企业不管控能源的用量，企业的产品生产成本也会随之走高。笔者见到很多企业每年都在做能源管理，推进节能降耗，但效果都不好，**根本原因在于能源费用与员工个人没有挂钩，节约了没奖励，浪费了也没有约束。企业应高度重视能源管理，不仅仅是满足降本的需要，在能源消耗对环境产生不利影响的背景下，减少能源消耗更是企业的社会责任。**

2020 年 12 月的某天，笔者正在南方的一家企业开展咨询项目，突然工厂一片漆黑，被告知停电了。笔者询问这一天不能生产可能造成的损失，得知大概是 1,200 万元，笔者惊愕于停电对企业造成的重击。也惊讶于能源对企业的影响之深。

2015 年一家企业在车间就降本增效进行试点。通过成本对比分析发现，第一季度的天然气费用远超预算值，车间管理人员称是天然气热值不稳定造成的。之后该企业与天然气公司谈判，要求天然气公司确保天然气热值的供应稳定，并由生产运行部实时监控天然气的热值变化，有问题及时与天然气公司协商。在该企业和天然气公司的持续共同努力下，第二季度天然气热值趋于稳定，天然气的耗用量急速下降，天然气费用减少约 700 万元，企业尝到了能源管控的甜头。

更多的企业侧重于电费的管控。特别是酷暑时，生产车间的温度超过 38℃，工人在这种环境下工作，容易身体不适，工作差错率增加，离职率增加。如果要保持车间的适宜温度，就要投入大量的电力。一些重视工作环境的企业，想方设法采取既能保持环境温度又能节省电力的办法。比如很多企业给设备装上了可拆卸式的节能隔热套（简称为"保温衣"），既可以减少不必要的能量损耗，节约能耗成本 20% 以上，又可以使车间温度保持在适宜的水平。

仅仅采取一些节能措施当然是不够的，企业能源管理工作要有专人管（机构要健全、职责要清晰），仪器和仪表配备要齐全（重点生产设备应该配专用的计量仪表，要有能源消耗的统计台账），能源消耗定额和奖惩制度要制定（明确能源消耗定额的责任部门和责任人，针对消耗定额制定奖惩制度，纳入考核）。企业只有健全了能源管理机制，才能够更有效、合理地利用资源。

< 案例解析 >

D 企业的能源管控机制

D 企业召集管理层进行了讨论，明确了能源管理的企业目标——合理使用、节能减排、降低成本、提高效益。D 企业把能源管理放在极其重要的位置，要求实现精细化的管理。能源管理实行企业、部门、工厂、车间四级能源管理体系，成立了能源管理领导小组，总经理任组长，分管生产、技术的副总任副组长，各职能部门领导为小组成员。能源管理的日常机构是生产管理部。各工厂及车间的能源管理机构设在工厂及车间办公室，由工厂厂长及车间主任负责本工厂、本车间的能源管理工作。

各单位要根据本单位能源计量点的分布情况，合理安排能源统计工作，建立能源统计台账，做到定人、定时抄表，数据准确无误，并逐级统计上报。特别是对重点耗能设备要动态监测分析。

首先，D 企业各单位建立了用能设备台账，如表 4-7 所示。

表 4-7　D 企业用能设备台账统计表

能源科目类别	使用单位	责任单位	用能设备详细情况						能耗
			设备名称	设备编号	资产状态	数量	额定功率	使用责任人	实际日用量
电	×车间	×车间×班组	S M T 贴片机	JQ13067	在用	1	55 千瓦	王××	792 千瓦·时

台账信息要及时更新，比如设备借用后移动了位置，在移动时必须办理手续，移动后要及时更新位置。

接着，D企业对重点用能设备提出了明确的能源管理要求，如表 4-8 所示。

表4-8　D企业重点用能设备能源管理要求

设备	人		管理标准
设备编号	使用责任人	检查人	管理操作要求
JQ13067	王××	李××	1. 就餐时间断电 2. 杜绝设备空运转 3. 设备调整，换线时间关闭电机 4. 等料时间停机断电

针对不同类型的设备，管理标准是不一样的，需要根据实际操作时需要注意的事项列明操作要求。

再接着，由使用责任人和检查人每日点检。使用责任人和检查人逐项点检当日是否按管理标准进行操作，找到未按标准执行存在的问题并要求整改，如表 4-9 所示。

表4-9　D企业重点用能设备每日点检表

设备	管理标准	实际执行情况		
设备编号	管理操作要求	是否按照标准执行	存在问题	整改情况
JQ13067	1. 就餐时间断电	是	无	无
	2. 杜绝设备空转	是	无	无
	3. 设备调整，换线时间关闭电机	是	无	无
	4. 等料时间停机断电	否	等料时间未停机断电	对人员进行警示和处罚，并对其培训，要求明确这条要求

然后，每日根据能源抄表数和当日生产型号数量，比较标准用量和实际用量，结合当日的管理要求点检情况，分析总结能源费用差异的原因，如表 4-10 所示。

表 4-10　D 企业重点用能设备每日能源费用差异分析

设备编号	当日生产产量（件）	生产标准节拍（秒/件）	设备运行标准用时（时）	设备运行标准用量（千瓦·时）	实际用量（千瓦·时）	差异用量（千瓦·时）	电费单价（元/千瓦·时）	差异金额（元）
JQ13067	792	60	13.2	726	792	66	0.78	51.4

从表 4-10 可知，人员未按要求操作（等料时间未关机导致能源的实际用量大于标准用量），带来的金额损失显而易见。通过能源差异分析精确量化不规范操作带来的损失，这种精细化管理的做法帮助 D 企业提高了能源管理水平。

不仅如此，D 企业还要求每月进行总结，月度总结表如表 4-11 所示。

表 4-11　D 企业能源管控月度总结表

使用单位	责任单位	责任人	检查人	设备编号	本月能源差异金额	原因及整改措施	月度得分
×车间	×车间×班组	王××	李××	JQ13067	270元（超支是正数，节约是负数）	本月设备空转时间超过120分钟，等料未停机时间超过100分钟，主要是物料到位不及时。应提前排查物料的到位情况，安排设备	78分

月度总结表能够帮助 D 企业复盘一个月的能源管理整体情况。在此基础上，D 企业建立了奖罚制度和月度评价机制，将能源费用的管控情况与个

人的绩效表现挂钩。主要的奖罚制度和月度评价机制如下。

·对于错报、虚报、漏报、晚报能源台账统计表、日点检表、日差异分析的责任人，处以每次 20 元的处罚。

·对于违反设备管理标准要求的责任人，处以每次 20 元的处罚。

·检查人未能起到监督作用的，处以每次 20 元的处罚。

·各责任单位每月进行月总结（在次月 5 日前完成），未能及时完成的，处以责任单位负责人每次 300 元的处罚。

·月能源费用节约的责任单位，节约的金额返还责任单位作为奖励金。

·月能源费用超支的责任单位，通报批评，并在年底责任单位的奖金包中扣除该超支金额。

·责任人整改措施的月度得分，将在年底汇总平均得分后作为个人年终奖发放的参考系数；其平均得分低于 60 分的，失去晋升机会。

·年度评选出 5 位能源降本明星，获奖者有 1 万元的现金奖励并且在晋升时优先考虑。

如此强有力的措施做到位后，D 企业的月能源消耗下降 10% 以上。

制造费用的精细化管理

如前述，制造费用按其成本性态分为变动制造费用和固定制造费用，故对制造费用差异的计算分析也分开进行。标准制造费用分配率是企业标准成本制定的难点之一。为精细化管理，标准制造费用分配率也分为标准变动制造费用分配率和标准固定制造费用分配率。

一、变动制造费用差异分析

变动制造费用差异，包括变动制造费用耗用差异和效率差异。

变动制造费用总差异 = 变动制造费用实际成本 − 变动制造费用标准成本

变动制造费用耗用差异 = 实际工时 ×（实际分配率 − 标准分配率）

变动制造费用效率差异 = 标准分配率 ×（实际工时 − 实际产量下的标准工时）

从上述公式可见，变动制造费用效率差异是由于实际工时脱离标准工时，其形成原因与直接人工效率差异相似。而变动制造费用耗用差异反映了实际分配率脱离标准分配率，实际产生的原因多种多样，比如电费单价的上升等。

二、固定制造费用差异分析

固定制造费用不因业务量的变动而变动，因此差异分析计算有别于变动制造费用。

固定制造费用耗费差异 = 实际固定制造费用 − 预算产量下标准固定制造费用

固定制造费用产量差异 =（预算产量下标准工时 − 实际产量下实际工时）× 标准分配率

固定制造费用效率差异 =（实际产量下实际工时 − 实际产量下标准工时）× 标准分配率

从上述公式可见，固定制造费用效率差异也是由于实际工时脱离标准工时，其形成原因与直接人工效率差异相似。而固定制造费用的产量差异是由于实际工时未达预算产量标准工时而产生的生产能力利用差异。

当然以上计算的前提是，在处理制造费用的分配时，通常使用人工工时为分配基准，有的企业以机器小时为单一的分配基准。如果企业的制造费用占比不高、工序不复杂且产品品种较少，用人工工时或者机器工时标准来分摊制造费用，产品的成本计算也会比较准确。同时企业会根据历史的数据和经验，制定标准分配率，按照上述方法分析，就能够找出制造费用差异的原因和责任部门。这样的分析和管控方法是行之有效的。

< 案例解析 >

D 企业甲工厂的制造费用差异分析

　　甲工厂在 2020 年 9 月生产产品 12 万件（预算产量是 12 万件，实际生产达成了预算目标）。实际使用工时为 267,000 小时，标准工时为 240,000 小时。固定制造费用预算为 460 万元，实际固定制造费用与预算基本无偏差。财务部制定的变动制造费用的标准分配率为 11 元 / 时，实际的变动制造费用为 293 万元。

　　甲工厂变动制造费用差异 =2,930,000−240,000×11=290,000（元）

　　甲工厂变动制造费用耗用差异 =267,000×（2,930,000÷267,000 − 11）=−7,000（元）

　　甲工厂变动制造费用效率差异 =11×（267,000 − 240,000）=297,000（元）

　　变动制造费用耗用差异金额很小，效率差异较大。效率差异形成的原因和前述人工成本差异分析相同，9 月有超过 20 名的新员工上岗，人工效率低，操作错误多，造成了车间实际费用的过多消耗。在人工效率后续得到改善时，制造费用差异也随之减小。

作业成本法下的制造费用如何分析

　　在现今制造业大环境下，全球化竞争愈发激烈，持续的精益改善、全面的质量管理和高端技术的不断迭代，企业要生存发展，成本管理显得愈发重要。笔者曾经走访一家挖掘机生产制造商，其财务总监坦诚地说："在 2014 年以前我们只要区分清楚料、工、费的大类就可以了，企业只要成本总数算得准，不少交税就行。产品报价都是企业参考市场统一定价，产品不愁卖，利润丰厚。但从 2014 年起，挖掘机市场竞争日益激烈，我们发现按照市场行情定价，利润总额不断下滑，我们甚至能感觉到有的产品或订单是亏损的，但之前没有进行精细化的成本管理，没有分产品或订单核算，所以我们并不知道哪些产品和订单在亏损，不得不赶紧开始完善我们的成本管理体系。"

这家企业的情况在国内企业中并不少见。**企业在顺风顺水的时候更多关注的是业务发展，对内部管理的重视度不够。一旦外部的竞争加剧、新的技术迭代等对企业造成大的冲击时，企业就会思考向管理要效益，企业的注意力会转移到加强内部运营管理上。**财务部要响应业务按照产品或订单或客户分类进行成本核算的需求，并协助业务部进行产品重新定价、产品线是否保留、客户是否保留等决策。

将直接材料和直接人工分摊到各产品相对容易，因为它们和产品之间存在投入产出关系，通过实地观察很容易追根溯源，而制造费用要准确分摊到各产品成本则复杂得多。一些制造企业按照单一的分配率（如上述的人工工时、机器工时）将制造费用分摊到产品成本中后，发现计算出来的产品成本与实际完全不相符，产品的成本失真给管理者造成了决策的困扰；一些企业根据失真的成本信息进行决策后，企业的总体获利能力下降。

笔者在咨询中曾遇到了这样典型的情形：销售人员反馈"竞争对手的价格看起来出奇地低"，怀疑财务部核算的成本是有问题的。下面将用案例来说明这种典型的情形。

明月公司（化名）出售两种产品，型号和价格分别与不同的市场相适应。其生产成本中制造费用的分摊采用的是单一的人工工时，产品售价按照成本加成的 25% 来确定。2021 年 1 月的产量、成本构成如表 4-12 所示。

表 4-12　明月公司 2021 年 1 月两种产品的产量及成本构成

项目	高端产品	低端产品
产量（万件）	10	20
生产标准工时（小时）	1	0.5
标准工时总额（万小时）	10×1+20×0.5=20	
单位材料成本（元 / 件）	70	34

续表

项目	高端产品	低端产品
单位直接人工（元/件）	8	4
制造费用（元）		8,000,000
制造费用按人工工时计算的分配率	8,000,000÷200,000=40（元/时）	
单位制造费用分摊（元/件）	40	20
单位产品成本（元/件）	118	58
单位产品售价（元/件）	147.5	72.5
产品毛利率	25%	25%

明月公司面临越来越大的竞争压力，公司的低端产品对外报价72.5元/件，但竞争对手的价格为56元/件，低于明月公司产品的成本58元/件。公司的销售总监怀疑低端产品的成本计算有误，财务总监认为成本计算的依据明确，而且数据公开透明。

公司的销售总监认为要卖出低端产品，报价不能超过60元/件，但这样的话低端产品几乎是没有盈利的。公司总经理不得不思考，如果低端产品的盈利性差，是否需要撤销该产品线，把精力和资源投入高端产品线并开始开发新品。销售经理们强烈反对撤销该产品线，因为公司的低端产品在市场上的口碑很好，有很大的业绩增长空间。

在这种情况下，笔者提醒财务总监："制造费用已经占到产品成本的34%，制造费用的分摊对成本影响较大，有没有可能是按人工工时分配不够合理？是不是可以再深入下生产车间了解具体的作业情况？" 财务总监认真思考后，接受了笔者的建议。

财务总监深入车间对成本费用数据进行深度挖掘和分析后发现，明月公司生产过程中所消耗的制造费用除了正常的机器设备的折旧、水电费等基本费用外，还有大量设备调整费、质量检验费、材料处理费等，这些费用的发生和生产时间没有必然的关系，主要与发生的次数等因素相关。

财务总监对相关账簿的记录进行汇总，2021年1月制造费用的明细构成如表4-13所示。

表 4-13 明月公司 2021 年 1 月制造费用明细构成

项目	金额（元）	作业数量	备注
基本制造费用	3,000,000	20 万小时	按工时分配
设备调整费用	2,000,000	1,000 次	高端产品 800 次，低端产品 200 次
质量检测费用	1,500,000	30,000 次	高端产品 25,000 次，低端产品 5,000 次
材料处理费用	1,500,000	10,000 次	高端产品 7,000 次，低端产品 3,000 次
合计	8,000,000		

根据上述资料，按各项因素重新计算成本，制造费用重新分配的结果如表 4-14 所示。

表 4-14 明月公司 2021 年 1 月制造费用重新分配表

项目	金额（元）	作业数量（高端）	作业数量（低端）	单位分配率	高端产品分配（元）	低端产品分配（元）
基本制造费用	3,000,000	100,000	100,000	15	1,500,000	1,500,000
设备调整费用	2,000,000	800	200	2,000	1,600,000	400,000
质量检测费用	1,500,000	25,000	5,000	50	1,250,000	250,000
材料处理费用	1,500,000	7,000	3,000	150	1,050,000	450,000
合计	8,000,000				5,400,000	2,600,000

根据制造费用重新分配的结果，重新计算两种产品的成本构成，参见表 4-15。

表 4-15 明月公司重新计算后的两种产品成本构成

项目	高端产品	低端产品
产量（件）	100,000	200,000
制造费用分配金额（元）	5,400,000	2,600,000
单位制造费用（元/件）	54	13

续表

项目	高端产品	低端产品
直接材料成本（元 / 件）	70	34
直接人工成本（元 / 件）	8	4
单位产品成本（元 / 件）	132	51

财务总监向高管层汇报，重新计算后的低端产品成本为 51 元 / 件，如果按 60 元 / 件的价格对外报价，公司该产品仍有 17.65% 的毛利。销售总监认为这个结果非常吻合他们对市场的感觉和判断。

可以看到，按人工工时分配和管控全部制造费用在明月公司不适用，主要有两个原因。

· 制造费用占产品成本的比重较大（30% 以上），其中与生产时间长短无直接关系的制造费用占总制造费用的比重较大（800 万元的制造费用中，有 500 万元与生产时间长短无直接关系，占比 62.5%）。

· 产品差异化程度高，导致作业数量差异很大（高端产品与低端产品的产量比是 1 : 2，而在质量检测作业上，高端产品的作业数量反而是低端产品的 5 倍）。

明月公司适合用作业成本法进行成本管控，即通过测量资源成本、作业及成本对象，将资源成本分配给作业，然后作业会根据使用上的不同分配给成本对象。

明月公司的财务总监进一步思考，作业成本法具有消除不增值作业、降低成本的作用，那么是否可以通过作业管理降低公司低端产品的成本，使得低端产品更有竞争力呢？

财务总监组织相关部门编制了 2021 年 4 月作业的预算定额，在制定定额时，车间已经要求提高作业效率，减少非增值作业的次数。其中低端产品的作业预算如表 4-16 所示。

表4-16　明月公司2021年4月低端产品制造费用预算

金额单位：元

作业项目	作业数量预算目标	单位定额消耗（新）	制造费用成本预算
设备调整费用	170	1,800	306,000
质量检测费用	4,600	50	230,000
材料处理费用	2,600	140	364,000
基本制造费用	100,000	15	1,500,000
制造费用合计			2,400,000
低端产品预算产量（件）			200,000
单位产品制造费用（元/件）			12

在以上制定的作业预算定额目标中，单位产品制造费用从13元/件下降到12元/件，从而使得低端产品的总成本从51元/件下降到50元/件。总经理高度肯定了这样的管理思路和方向，鼓励车间努力完成成本改善的目标。

财务总监在次月初要组织对上个月制造费用预算与实际的差异分析，差异分析的思路与本章前述的直接材料、直接人工的差异分析思路类似。

作业效率差异 =（实际作业数量 － 预算作业数量）× 单位定额消耗

作业价格差异 =（单位实际消耗 － 单位定额消耗）× 实际作业数量

财务总监可以根据分析的结果帮助业务部查找原因、制定措施，促进作业的持续改善，如表4-17所示，这里不赘述。

表4-17　明月公司制造费用差异分析及改善总结

作业名称	作业动因	预算作业数量	实际作业数量	单位定额消耗	单位实际消耗	实际成本	预算成本	效率差异	价格差异
差异原因分析									
改进措施									
改进计划及推进情况									

随着人工逐步被机器取代，制造费用在产品成本中的比重不断攀升。在 10 年前，大多数企业的制造费用不足直接人工成本的 50%，而现在是直接人工成本的 2 倍以上，有的企业甚至在 5 倍以上。同时，在日益激烈的全球化竞争下，产品也不再是单一的产品，产品逐渐复杂化、多样化。如果企业也像明月公司一样，与生产时间无直接关联的制造费用占比较大且产品差异化程度高，那么作业成本法也许能为企业提供准确的成本信息，帮助管理层决策。

作业成本法也有一些需要注意的地方，说明如下。

·作业成本法并不能完全取代传统成本计算方法，它只是在部分制造费用的分配上进行优化，以提高成本信息的准确性。

·作业成本法的实施是比较复杂烦琐的，有多个不同的作业动因，又有多个分配率，而且要建立多个同质成本库。如果企业财务人员对作业成本法不熟悉，领导的重视程度也不够，很容易导致作业成本法无法实施。

·作业成本法的实施会带来企业短期管理成本的增加，如企业为获得作业数量的数据会加大对信息系统的开发投入，而其带来的效益往往不会立竿见影，所以企业要综合考虑采用作业成本法的必要性和时机。

一些信号提醒企业要评估成本信息的准确性。

·与竞争对手的价格存在明显差异；

·生产难度系数高的产品显示出很高的盈利水平；

·产品毛利率波动较大，深层原因难以解释；

·产品提价后，客户并不抱怨等。

当出现这些信号，企业的成本信息很可能是不准确的，企业需要考虑完善成本管理的方法。当然具体情况还需进一步的分析确认，比如竞争对手的价格低于我方的成本价，可能是竞争对手故意的恶性竞争导致的，不一定都是像明月公司那样，是成本核算不准确造成的。

成本、业务和利润的
微妙关系

本量利分析在实务中应用非常广泛，它与成本、业务量、利润直接关联，也称 CVP 分析（Cost-Volume-Profit Analysis）。总的来说，它通过分析成本、业务量和利润三者的关系，找出三者之间的规律，从而对企业利润进行预测，支持企业进行经营决策和目标管控。本量利分析不仅和生产业务决策关联，其涉及企业全面的经营。但由于其涉及的成本分析的重难点是生产成本，故本量利模型放在本章中阐述。

固定成本向左，变动成本向右

本量利分析的基础是对成本性态的划分。理论上可将成本划分为固定成本、变动成本和混合成本。本章前述将制造费用划分为固定制造费用和变动制造费用，从管理的角度来看，只要识别出哪些制造费用随着业务量变动而变动即可，这样便于分别制定标准分配率，找出差异形成的业务因素并进行改善。

由于本量利分析的计算逻辑，这里的成本性态分析更加细致，除了固定成本和变动成本，还有混合成本。下面先阐述成本性态的特点，再说明实务中的操作和应用。需要强调的是，成本性态分析是很多管理会计工具应用的基础，所以笔者一方面会引用并总结教科书中的定义，另一方面会解答实务中常见的一些疑问，以帮助读者在实践中更好地应用。

● **知识拓展**

成本性态的划分

1. 固定成本

固定成本是指其总额在一定时期及一定产量范围内，不直接受
业务量变动的影响而保持固定不变的成本。固定成本总额不因业务量
的变动而变动，但单位固定成本（单位业务量负担的固定成本）与业
务量成反向变动关系。

固定成本的成本性态模型如图 4-1 所示。

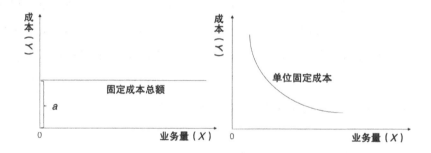

图 4-1　固定成本的成本性态模型

从图 4-1 左半部分可知，固定成本总额是一条平行于 X 轴的直
线，其总成本性态模型[①] 为 $Y=a$。Y 是成本总额，a 是直线的纵截距。

在实务中，固定成本通常涵盖：本章前述的固定制造费用，如
固定资产折旧费、劳动保护费等；销售费用中不受销量影响的销售管
理人员的薪金、广告费等；管理费用中不受销量影响的企业管理人员
的薪酬、房屋租赁费、保险费、绿化费等；财务费用中不受销量影响
的利息支出等。

笔者经常被询问类似的问题，如"我们企业的销售管理人员的

---

① 本节成本性态的图的制作参考管理会计相关的教材和丛书。孙湛 . 现代管理
会计 [M]. 北京：中国财政经济出版社，2017：397–400.

薪金不是固定的，但为什么是固定成本呢？"笔者的回答是，"实际上每家企业的成本性态都不一样，要根据企业具体情况而定"。这样的回答不是敷衍，虽然具体情况具体分析是众所周知的办法，但实务中的情况的确如此。没有哪一家企业成本性态的划分是一样的，我们只能给出一般的总结，即脉络架构，企业要灵活运用，不能硬搬照抄。

2. 变动成本

变动成本是指在特定的业务量范围内，其总额会随业务量的变动而成正比例变动的成本。变动成本总额因业务量的变动而成正比例变动，但单位变动成本（单位业务量负担的变动成本）不变。

变动成本的成本性态模型如图 4-2 所示。

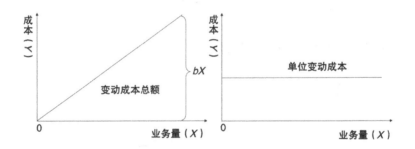

图 4-2　变动成本的成本性态模型

从图 4-2 左半部分可知，变动成本是一条以单位变动成本为斜率的直线，其总成本性态模型为 $Y=bX$。Y 是成本总额，X 是业务量，b 是斜率（单位变动成本）。

在实务中，变动成本包括前述生产成本中直接用于产品制造的直接材料、直接人工和制造费用中随产量成正比例变化的部分，还包括销售费用、管理费用和财务费用中与销售量成正比例变化的项目。

笔者经常被询问类似的问题，如"直接人工一定是变动成本吗？有没有可能是固定成本？"笔者的回答是："具体问题具体分析。比如企业在生产淡季时，订单量不饱和，给工人的工资是固定的保底工资，这个时候工资额与业务量就不是正比例变动关系，而是相对固定的，不是变动成本。"

3. 混合成本

混合成本就是混合了固定成本和变动成本两种不同性质的成本。一方面，混合成本要随业务量的变化而变化；另一方面，混合成本的变化又不与业务量的变化保持着纯固定的正比例关系。按照混合成本变动趋势的不同，可进一步分为半变动成本、半固定成本、延期变动成本、曲线变动成本四种。

半变动成本： 通常有一个基数，相当于固定成本，在这个基数之上，业务量增加了，成本也会相应增加。比如通信费，每月固定月租100元，超过一定数额后每打1分钟通信费为0.1元，这个成本就是半变动成本。

半变动成本的成本性态模型如图4-3所示。

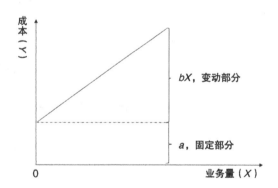

图4-3 半变动成本的成本性态模型

从图4-3可知，半变动成本的成本性态模型是 $Y=a+bX$。Y 是成本总额，X 是业务量，a 是固定部分，bX 是变动部分。

笔者经常被询问类似的问题，如"我们企业所有的人的通信费加起来，一年也就200万元左右，相对于我们销售量而言，基本是固定的，为什么是半变动成本呢？"笔者的回答是："要看分析的目的是什么，如果只是进行成本性态研究，找出成本的特点，那么你定义的业务量可以是通话的时间，这时的通信费是半变动成本性质。如果你进行本量利分析，这时定义的业务量是销售或产量，那么可能通信费和销售量就没有这样的规律，通信费会被看成固定成本。"

可能有读者会问："那么当业务量是销量或产量的时候，企业有半变动成本的实际例子吗？" 企业的水电费就很接近于半变动成本。比如生产中进行热处理的设备，每天启动时需要预热，因为预热而耗用的电费属于固定成本；而预热后继续热处理，就跟产量高度相关了，产量越高，电费耗用得越多。后述案例就是根据真实案例改编的，阐述了水电费成本性态的分析过程。当然需要指出的是，有些企业在某些时段享受电费优惠政策，当电量耗用到一定程度，享受优惠后的总成本增速放缓，那电费成本可能更接近于下面要提到的曲线变动成本。

此处再次说明了"某个成本项目到底是什么成本性态"不能一概而论。同一成本项目在不同时期可能有不同的性态，在分析的范围和目的发生变化时，某些成本可以在固定成本和变动成本之间互相转化。企业在进行成本性态分析时，要从实际出发。

半固定成本： 当业务量在一定范围内增长时，其发生额固定不变；但在业务量增长超过一定限度时，其成本就会上升，然后在新业务量的一定范围内又保持不变，直到再次上升。

半固定成本的成本性态模型如图 4-4 所示。

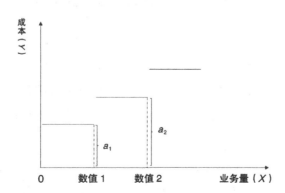

图 4-4 半固定成本的成本性态模型

从图 4-4 可知，半固定成本的成本性态模型是：当 $0 \leq X <$ 数值 1，$Y=a_1$；当数值 1 $\leq X <$ 数值 2，$Y=a_2$……Y 是成本总额，X 是业务量。

在实务中，半固定成本很常见，比如企业租赁仓库存放货物，当业务量在现有仓库的存放量以内，租赁成本就是一个固定的数值；当业务量大于现有仓库的存放量时，就需要租赁新的仓库，租赁成本就会变为一个新的固定数值。

延期变动成本： 在一定业务量范围内，成本总额保持稳定；超过特定业务量，成本开始随业务量成正比例增长。

延期变动成本的成本性态模型如图 4-5 所示。

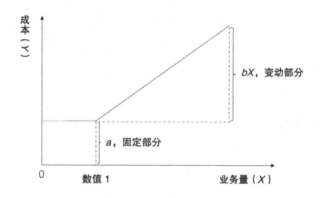

图 4-5 延期变动成本的成本性态模型

从图 4-5 可知，延期变动成本的成本性态模型是：当 $0 \leq X <$ 数值 1，$Y=a$；当 $X \geq$ 数值 1，$Y=a+bX$。Y 是成本总额，X 是业务量。

仍然以通信费为例，包月的手机费就属于延期变动成本，因为通话时间在一定范围内，通信费是固定的，只有超过设定的通话时间，通信费才随着通话时间的增加而增加。如果业务量是产量，那么常见的例子有组装人员的工资。一个组装工人每月领取固定工资 4,000 元，但当工人当月组装数量超过 20,000 个，超过部分每个奖励 5 元，这就是典型的延期变动成本。

曲线变动成本：有一个初始量，相当于固定成本，然后在这个初始量基础上，成本随业务量增长而逐渐增加，但其增长幅度成抛物线。

曲线变动成本的成本性态模型如图 4-6 所示。

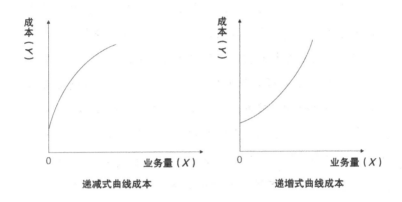

递减式曲线成本　　　　　　　递增式曲线成本

图 4-6　曲线变动成本的成本性态模型

从图 4-6 可知，曲线变动成本进一步分为递减式曲线成本（成本增长的速度慢于业务量的增长速度）和递增式曲线成本（成本增长的速度快于业务量的增长速度）。曲线变动成本的模型无法统一设定，比如根据成本数据的特征，有的会模拟成指数函数，$Y=a^X$（a 为常数且 $a>0$，$a\neq1$）；有的会模拟成 $Y=X^a$，Y 是成本总额，X 是业务量。

例如，企业给组装工人结算工资的方式是累进计件工资制，实得计件工资的计算方法为：（定额内部分 × 一般计件单价）+ $\sum$（超定额部分 × 累进计件单价），这种工资成本就接近于递增式曲线成本。

以上说明了几种成本性态的划分和特点。**实务中，企业会选择采用高低点法、散布图法和回归直线法等技术，将所有成本都通过一**

定的方法划分为固定成本与变动成本两大类，即把企业的总成本模拟成 $y=a+bx$ 的形式，在此基础上再进行本量利分析等。

当企业的基本数据积累得较少时，可能采用高低点法，根据两个不同时期的业务量和成本，简便计算得出，但计算结果往往不够准确。当企业有一定的成本数据积累时，散布图法和回归直线法都比较常用，并且用 Excel 就能够进行数据处理。企业的成本分析人员经过一定的专业培训，是可以较快掌握基本的计算方法的。

但成本性态分析在实际应用中不可避免地存在着一些问题。

·企业成本分析人员的知识、技能不足。这可能会直接影响成本划分的合理性和准确性。笔者在实务中看到的情形是，一些大型企业财务人员缺乏足够的专业指导和训练，而很多中小型企业的成本分析人员各方面的知识、技能水平都较低，连 Excel 的操作都不熟悉。

·基础数据积淀不足或者缺乏基础数据积累的意识。企业管理层不够重视，导致企业的成本资料收集不统一、不齐全，比如车间、生产管理部门、财务部、ERP 系统、财务账套处各有一部分数据，分析的时候就要到处找数据、导数据、清洗数据。成本性态分析工作量大、过程复杂，如果缺乏基础数据或者基础数据不准确，那么成本分析结果的可靠性就要大打折扣。

·成本与业务量之间的完全线性关系的假定不可能完全切合实际。比如一些成本费用更接近曲线成本，当其模拟成线性关系的时候，精确度就不够，虽然通常不影响整体的分析结论。

要根据企业管理的需要研究和分析成本。当要把成本差异归属责任部门的时候，需要进行价差、量差分析。当把制造费用区分为固定制造费用和变动制造费用，想进一步找到差异原因，对大额制造费用进一步细化管控时，可能需要用作业成本法对作业动因进行分析，根据作业动因设置标准作业数量和作业分配率，再进行差异分析。

当企业要根据成本性态的分析结果，进行更多的分析和决策时，比如下文要阐述的盈亏平衡点分析、工厂的投资决策等，就需要对企业所有的成本进行详细的性态研究。成本的分析和管控要符合成本效益原则，过细会带来过高的管理成本，过粗又不能支持经营决策，企业要在实践当中摸索、总结。

< 案例解析 >

D 企业甲工厂动力费的成本性态分析

甲工厂将在生产经营过程中消耗的水、电、气等费用归集为动力费用，财务部整理了 2020 年 1—9 月的动力费数据，对其进行分析，发现其性质比较符合半变动成本。甲工厂动力费和产量的数据如表 4-18 所示。

表 4-18　甲工厂 2020 年 1—9 月动力费和产量的数据

月份	产量（件）	动力费（元）
1 月	110,682	964,164
2 月	99,939	900,230
3 月	113,387	987,029
4 月	124,699	1,102,699
5 月	106,138	938,118
6 月	141,676	1,183,076
7 月	141,035	1,110,318
8 月	152,747	1,266,449
9 月	120,157	1,120,693

财务部模拟出动力费和产量的成本性态模型如图 4-7 所示。

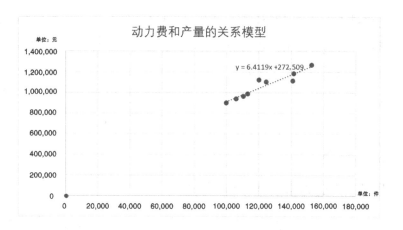

图 4-7　甲工厂动力费和产量的成本性态模型

动力费和产量的成本性态模型为 $Y=6.4119X+272,509$，X 是产量，Y 是动力费。有了该模型后，财务部能对动力费进行预测以及制定管控标准。

以上的成本分析，能够帮助企业模拟出历史成本的参数和预测未来的趋势。看上去简单易行，但要注意以下几点。首先要定义成本项目的分析范围，如上述案例中动力费的涵盖范围在其他企业可能不一样。其次要收集成本项目的历史数据，数据积累的周期越长，模拟得到数据的参考性就越强。再次是建立并验证模型，通过确定变量并分析，输出成本模型，对模型结果进行反复验证，锁定趋势线（一些情况下还要考虑置信区间等）。最后应用该模型，评估成本节约的潜力，作为成本管控标准制定的依据。

理想化的本量利分析真的没有价值吗

本量利分析是在成本性态分析的基础上，运用数学模型以及图表，对成本、业务量、利润之间的依存关系进行具体分析。

本量利分析的基本公式如下：

税前利润 = 销售收入 − 总成本

**　　　 = 销售单价 × 销售量 −（变动成本 + 固定成本）**

**　　　 = 销售单价 × 销售量 − 单位变动成本 × 销售量 − 固定成本**

= 销售量 ×（销售单价 – 单位变动成本）– 固定成本

= 销售量 × 单位边际贡献 – 固定成本

这个模型重要的假设如下。（1）生产数量 = 销售数量。（2）固定成本不变；变动成本与业务量成完全的线性关系，变动成本总额线的斜率即单位变动成本；销售收入与销售量成完全的线性关系，销售收入线的斜率为销售单价。（3）生产多种产品时，各种产品的销售额在销售总额中所占的比重不会发生变化。

有些读者会认为本量利分析太理想化了，企业的实际情况很难符合这些假设，这个分析不具有参考价值。虽然现实情况比本量利的假设情形要复杂太多，但我们可以学习本量利的思维方式，对现实进行简化，在运用模型计算出来的结果上，根据实际情况做一些灵活调整。下文会在具体应用场景中做说明。

一、本量利分析应用场景一：单一产品的盈亏平衡分析

这种应用场景是十分简单的形式。盈亏平衡即企业处于不盈不亏的状态，利润为零。这种状态有两种表现形式：一种形式是用数量表现，称为保本量；另外一种形式用金额来表现，称为保本额。

即：**税前利润 = 销售量 × 单位边际贡献 – 固定成本 =0**

保本量 = 固定成本 / 单位边际贡献

保本额 = 保本量 × 销售单价

沿用前述明月公司的案例，假设明月公司仅生产低端产品，成本费用的数据经过性态分析，其盈亏平衡分析如表 4-19 所示。

表 4-19　明月公司仅生产一种产品时的盈亏平衡分析

项目	金额
销售单价（元 / 件）	60
单位变动成本（元 / 件）	
单位直接材料	34

续表

项目	金额
单位直接人工	4
单位变动制造费用	8
单位销售变动费用	2
单位变动成本小计	48
单位边际贡献（元／件）	12
月度固定成本	
固定制造费用（万元）	60
固定期间费用（固定销售费用＋固定管理费用＋固定财务费用）（万元）	240
月度固定成本小计（万元）	300
保本量（万件）	25
保本额（万元）	1,500

从表 4-19 可以看出，明月公司必须每月生产并销售 25 万件产品、月销售额达到 1,500 万元，公司才能够达到盈亏平衡。只有月度销售超过了 25 万件，公司才能开始实现盈利。

实务中应用时的情形是，明月公司会考虑 25 万件的数据可能不够精准，比如变动成本和固定成本的具体划分不同都会影响结果。公司总经理根据过往的经验，会在此基础上提稍微高一点的要求，即销售人员必须保证月度订单 28 万件，拿不到这个底线的订单量，销售人员就完全拿不到奖金。管理层可以把这个压力传递下去，让全员都知道要奋斗的底线目标是什么。

然而公司不可能一直处于盈亏平衡状态。良性发展的公司，一般会为了预期设定的目标而努力。公司层面需要明确预期的利润和产销量之间的关系。那么假如明月公司的总经理要求全年实现税前 2,160 万元的盈利时，全年销售额应达到多少？

二、本量利分析应用场景一的延伸：单一产品预期利润下的销售额分析

当明月公司总经理要求年度税前 2,160 万元的盈利时，计算方法如下。

税前利润 = 销售量 × 单位边际贡献 − 固定成本 =2,160（万元）

从表 4-19 中得知，单位边际贡献为 12 元 / 件，月度固定成本为 300 万元，则年度固定成本为 300×12=3,600（万元）。

即销售量 ×12-3,600=2,160，年销售量 =480 万件，月销售量 =480÷12=40（万件）。

年度销售额 =480×60=2.88（亿元）

明月公司总经理可以根据测算的结果，对销售和生产人员提出要求。为达到公司预期的销售额，月度销售量要达到 40 万件，公司层面可以制定对应的激励政策。

三、本量利分析应用场景二：多种产品的盈亏平衡分析

在实务应用中，大多数企业不可能只生产经营单一产品。如果企业生产多种产品，要进行盈亏平衡分析。这无法用销量直接表示。因为不同产品的实物计量单位不同，直接把不同计量单位的产品销量加总毫无意义。企业一般计算盈亏平衡点的销售额，应用最广的方法是综合贡献毛益率法。

这里的贡献毛益率是指单位产品的边际贡献占单价的百分比。综合贡献毛益率法是指将各种产品的贡献毛益率按照其各自销售额的占比进行加权平均，算出综合贡献毛益率，再计算出企业盈亏平衡点的方法。

综合保本额 = 企业固定成本总额 / 综合贡献毛益率

然后再计算出各产品的保本额。

某种产品保本额 = 综合保本额 × 该种产品的销售额占比

沿用前述明月公司的案例，明月公司生产高端和低端两种产品，假设其情况如表 4-20 所示。

表4-20　明月公司生产两种产品时的月度盈亏平衡分析

计算销售额占比				
产品分类	销售量（万件）	销售单价（元/件）	销售额（万元）	销售额占比
高端产品	10	130	1,300	52%
低端产品	20	60	1,200	48%
计算贡献毛益率				
产品分类	销售单价（元/件）	单位变动成本（元/件）	单位边际贡献（元/件）	贡献毛益率
高端产品	130	97.5	32.5	25%
低端产品	60	48	12	20%
计算产品保本额				
明细项	销售量（万件）	销售单价（元/件）值	销售额（万元）	销售额占比
综合贡献毛益率			52%×25%+48%×20%=22.6%	
月固定成本（万元）			300.00	
月度综合保本额（万元）			1,327.43	
高端产品的月度保本额（万元）			1,327×52%=690.04	
低端产品的月度保本额（万元）			1,327×48%=636.96	

　　从表4-20的计算可见，当明月公司的月度销售额大于1,327万元时，公司才能获利。那么明月公司的总经理要求盈利年度目标是2,160万元时，销售额应该达到多少？

四、本量利分析应用场景二的延伸：多种产品预期利润下的销售额分析

多种产品预期利润下的销售额，与场景一的计算思路是一样的。

税前利润 = 销售额 × 综合贡献毛益率 − 固定成本 =2,160（万元）

销售额 =（2,160+3,600）÷22.6%=2.55（亿元）

高端产品的销售额 =2.55×52%=1.32（亿元），低端产品的销售额 =2.55−1.32=1.23（亿元）

有的读者会问：这样计算的假设是生产多种产品时，各种产品的销售额在总销售额中的占比不会发生变化，如果销售额占比发生变化呢？那就按预计变化后的销售占比重新计算综合贡献毛益率，从而得出新的综合保本额。

以上场景一、二就是典型的本量利分析在短期经营决策中的应用。因为获得可观的短期经济效益是企业首要目标，所以在现有生产条件下能否获得利润、至少要生产多少订单，是企业最关心的。同时企业会制定短期利润额目标，预测应达到的产品销售额，明确的目标能够促使企业管理人员尽力实现。可以说本量利模型是企业进行预测、决策、计划和控制的非常实用的工具。

五、本量利分析应用场景三：长期投资决策

企业为了今后生产经营的需要，会提前布局一些长期投资，比如投资建设新的厂房和生产线。这些投资金额大、回收期长，具有较大的风险，企业在大额的资本支出决策时，要用科学的工具辅助决策。

沿用前述明月公司仅生产低端产品的情形，工厂的月保本量为 25 万件。但最近几个月订单量猛增，月度订单量甚至已经超过工厂的设计产能 50 万件。预计未来一年的订单量将达到 800 万件，现有工厂用尽产能仅能完成 600 万件，剩余 200 万件的订单无法完成。明月公司不得不考虑新增生产线以满足订单需要。

明月公司现在面临的选择是：新增的生产线是采用投入很大的自动化

线，还是采用投入小一些的半自动化生产线。

管理层在决策的时候，意见不一致。有的管理者认为出于技术不断升级的需要，必须投入自动化线。有的管理者认为自动化线虽好，但是一下子拿出几千万元，公司会捉襟见肘，还不如投资半自动化线。财务部做了内含报酬率的对比测算（本章后续会阐述内含报酬率测算的相关内容），测算的结果显示两种决策的内含报酬率都比较高，自动化线的回报率会更高一些，但管理层认为该测算结果没有多大的参考价值，因为对未来订单量的预计不确定，公司现在仅对未来一年的订单量预测有把握。

这个时候本量利分析可以辅助管理层进行决策。对两种生产线的成本进行预估，并进行本量利分析，测算出两种生产线的保本量，如表 4-21 所示。

表 4-21　明月公司两种投资下的盈亏平衡分析

项目	自动化线	半自动化线
销售单价（元/件）	60	60
单位变动成本（元/件）		
直接材料（元/件）	34	34
直接人工（元/件）	2	4
单位变动制造费用（元/件）	4	7
单位变动成本小计（元/件）	40	45
单位边际贡献（元/件）	20	15
年度固定成本（万元）	5,000	2,700
保本量（万件）	250	180

可以看到，自动化线的保本量是 250 万件，半自动化线的保本量是 180 万件。根据明月公司对未来一年订单量的预测，未来一年新厂的订单量应该为 200 万件，也就是说如果投资半自动化线会稍有盈利，而投资自

动化线会亏损。如果订单量长期在 200 万件左右，那么半自动化线工厂能够保证运营正常，而自动化线工厂就会一直亏损。

图 4-8 能更好地说明这两种投资的区别。

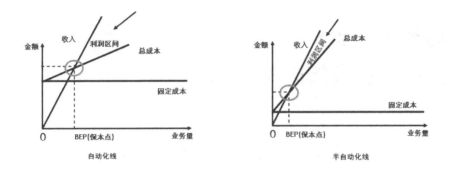

图 4-8　自动化线和半自动化线的本量利分析

用图来表示本量利分析的结果，总成本线与收入线的交点就是盈亏平衡点（保本点），在保本点之上的就是利润区间。图 4-8 左半部分显示，投资自动化线时，固定成本很高，所以盈亏平衡点的业务量也要求高；但业务量一旦超过盈亏平衡点，利润区间非常大，业务量越大，获取的利润越多。图 4-8 右半部分显示，投资半自动化线时，固定成本相对低很多，所以要达到盈亏平衡的业务量就小很多，但盈亏平衡点后的利润空间也相对小。由于用 Excel 就可以画出盈亏平衡图，财务人员比较容易掌握，所以盈亏平衡分析在实务中的应用较多。

如果企业有很多的订单，可以选择自动化线，因为投入高，未来收益也高。但如果企业对未来的预测没有把握，并且短期承受经营风险的能力不够强，企业可以选择更容易达到盈亏平衡的半自动化线。本量利分析由于显化了经营风险，在投资面临未来不确定性时，可以帮助企业做出更利于自身的选择，帮助企业降低经营风险。

2021 年，不少企业开工率不足，进行保本点的分析对企业来说就有比较重要的意义。企业朝着保本点努力，争取生存下来。

质量是生命：
内部质量损失成本管理

有些企业的工厂挂着的条幅上、粉刷的墙面上都有 "质量是生命" 这样的标语，有些企业都在学习并推进全面质量管理（Total Quality Management, TQM）[①]，还有些企业定义了 "质量元年"，整个会计年度的管理重点都放在抓质量上，但不同企业的实施效果完全不一样。不少企业投入很多精力和资源去提高质量但收效甚微，明明产品已经检测过了但还是出现了质量问题。管理会计以质量成本为抓手，帮助企业提升质量管理水平。

● 知识拓展

质量成本的概念及公式

质量成本的理论定义是企业为了保证和提高产品或服务的质量而支出的一切费用，以及因未达到产品质量标准，不能满足用户和消费者的需要而产生的一切损失。其中，为了保证质量而支出的费用又包括预防成本和鉴定成本；未能达到质量标准发生的损失又分为内部损

[①] 最早提出全面质量管理概念的是美国通用电气公司的费根堡姆博士，1961 年他出版了《全面质量管理》，强调质量管理必须是公司全体人员的责任。费根堡姆还提出了质量成本的概念。

失成本和外部损失成本。

　　质量成本＝预防成本＋鉴定成本＋内部损失成本＋外部损失成本

　　·预防成本通常包括：用于预防不合格品与故障而支出的质量管理活动费、质量教育培训费、质量改进措施费等。

　　·鉴定成本通常包括：用于评估产品是否满足规定要求所需的检验费、检测设备维修费和折旧等。

　　·内部损失成本通常包括：产品出厂前的废次品损失、返修费用、停工损失等。

　　·外部损失成本通常包括：质量问题造成的损失，如索赔损失、违约损失和"三包"损失等。

　　几乎所有的企业对外部质量损失都很重视，对客户的投诉和抱怨，企业管理层都会妥善处理；当重要客户投诉时，高管层都会亲自去现场解释。如果出现了质量事故、被客户索赔，那质保部和法务部更会密切跟踪，一些企业还会展现出强大的危机公关能力，尽可能地减少索赔损失和名誉损失。

　　而一些企业不太关注内部损失成本，也不太关注预防成本和鉴定成本。其观念是：内部怎么错都不要紧，内部花多大代价都可以，只要能在内部发现并解决了质量问题，那就是质量管得好的表现。结果是外部客户反馈产品质量比较好，企业的产品品质有口碑，但企业的产品成本居高不下，在市场上逐步丧失竞争力。

　　当然，有没有企业仍然不重视质量管理？答案是肯定的，仍有企业不舍得质量方面的内部投入，即使发生了客户投诉和索赔事件，企业也只会糊弄，试图蒙混过关，这样的企业最终会被市场淘汰。企业应意识到质量管理的重要性，质量管理的理想目标应该是在最经济的水平上充分满足客户的质量要求。

　　笔者访谈一家工厂的总经理，他说："之前我们引以为傲的是我们的质量，我们产品的包装材料都很结实，到了客户那里完好无损，客户需要费很大力才能把包装解开取出产品。后来我们了解到行业内龙头企业的做法是，他们的产品送到客户那里时，包装材料已经有磨损，客户轻轻一拨就能取出产品，但产品是完好的。他们包装材料的成本仅是我们的一半，就包装材料一项，他们每年就节约了几百万元。我们这才意识到，其实质量过高也会造成浪费。最佳的质量水平应该是以经济的方式达到客户要求的性能水准。当我们转变了意识后，开始琢磨如何进行质量成本管理，2020年我们质量成本下降了两千多万。" 这位总经理说明了质量成本管理的意义。

先了解，再优化：质量成本的特征

质量成本优化就是要确定质量成本各项主要费用的合理比例，以便使质量总成本达到最低。质量特性曲线能直观说明，质量成本中四类成本费用的大小与产品合格质量水平之间的关系，如图4-9所示。

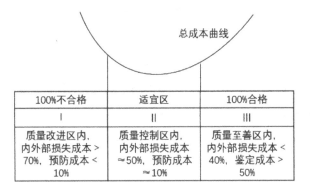

图4-9　质量特性曲线 ①

图4-9表明，在Ⅰ区内，内外部损失成本最大，需要增加预防成本和鉴定成本，以降低不合格品率，从而减少损失成本，降低质量成本总额。

① 傅道春, 王效俐. 浅论质量成本特征曲线 [J]. 山西财经大学学报, 2003 (4): 80-82.

这个区域被称为质量改进区。

在Ⅱ区内，质量成本结构比较理想，这时内外损失成本约占50%。客户对这种质量水平表示满意，而进一步改善质量不会给企业带来新的效益，此时应该尽量维持现有的质量水平。

在Ⅲ区内，鉴定成本成为影响质量总成本的主要因素。这个时候应该分析现有的质量标准，适当放宽并减少质量检验程序，以降低质量成本总额。

质量特性曲线给出了参考标准，企业可以据此调控质量成本的比例结构，把质量成本控制在适宜区间。但实务中具体执行是复杂困难的。

难点一是让企业真正重视质量成本管理。如果企业足够重视，则能够在组织架构和部门职责上得以体现。质量成本管理也是一把手工程，企业高管层都需要参与。应将质量成本管理纳入现有的质量管理体系中，质保部可作为主管部门，牵头组织质量成本管理工作的实施；财务部可以协助质保部制定、分解质量成本管理目标。很多企业表面上很重视质量管理，但是关键的质量管理活动、质量成本会议只有质保部部长参与，更高级别的管理层都没有参加，真正的质量改善措施很难落实。

难点二是设计质量成本报表以及明确数据来源。由于质量成本的计量与确认属于管理会计范畴，大多数企业并不会直接设置"质量成本"并将其纳入产品成本的会计核算科目，那么企业就需要对质量成本进行还原，从日常的财务会计记录中追溯质量成本的发生额，再加以汇总，形成质量成本报表并进行分析，出具质量成本报告。既然是内部报表，那么报表的内容就要按企业的管理水平和要求量身定制，如果企业的人员缺乏这方面的知识和经验，那么分析出的结论对业务帮助的效果不大。

实务中，很多管理者会问"如何降低内损率"，可见内部损失成本的分析和管控是企业面临的重难点，下文将详细阐述。

如何解决内部损失难题

内部损失成本主要涵盖以下几大类。

一、废品损失

涵盖内容范围：产成品、半成品在制造过程中达不到质量要求且无法修复，造成报废而产生的损失；设计错误、工艺错误、设计变更等造成原材料、零部件、半成品、产成品报废而产生的损失。有的企业根据这两类损失的原因区分为"制造性质量损失"和"技术性质量损失"。

计算方法：**废品损失 = 报废数量 × 定额生产成本 − 报废残值**

二、返工返修费

涵盖内容范围：对不合格的半成品、产成品进行修复而使其合格所发生的费用，包括人工费、材料消耗、更换的零部件等。

计算方法：**返工返修费 = 工时 × 工时单价 + 材料消耗 + 机物料消耗**

三、停工损失

涵盖内容范围：质量事故、故障停机、待料而造成停工，由此产生的损失。

计算方法：**停工损失 = 停工期间的直接损失（所支付给工人的薪资 + 应负担的制造费用等）+ 机会成本**

停工损失的机会成本因为各个企业的情况不一样，没有统一的计算方法供参考。

四、降级损失费

涵盖内容范围：产品存在轻微的质量缺陷无法维修，但其主要性能达到了规定的质量要求，不影响使用，需要降级处理所造成的损失。

计算方法：**降级损失费 = 单位产品降级的金额（即原价 − 降级后处理价）× 降级产品数量**

五、质量事故内部处理费

涵盖内容范围：对已发生的质量事故或异常问题进行内部分析处理而

产生的费用。

计算方法：**质量事故内部处理费 = 质量事故处理的人工费 + 差旅费 + 会议费 + 不良品鉴定费**

内部损失成本的核算需要生产现场有专人负责质量事项的真实记录和统计工作，质保部需要有专人负责质量成本信息的审核、确认和汇总。其实这些原则和方法都比较容易掌握，难点在于生产现场的管控措施落实到位。

比如一家企业在车间观测到报废品较多，但账目统计数据不吻合，调查完发现，工人害怕报废过多被处罚，就把本该报废的产品申请了降级处理，质保部在进行检查判定的时候，也没有认真，就让工人蒙混过关了。虽然企业花了大力气建立了质量成本的管控体系，但疏于执行，质量水平仍然无法提高。

又比如另一家企业建立了比较完善的流程：对于不合格的产品，判定可以通过返工返修达到预期的质量要求，由质保部开具返工返修单并交由生产车间安排；车间及时安排人员并开具返工返修派工单；操作完成后由质保部进行复检判定，产品合格后才允许进入下道工序。只有严格执行该流程，返工返修的真实情况和责任单位才能被识别、记录。但实际执行中，该流程流于形式，导致返工返修的问题被掩盖，记录的数据不真实。

内部损失成本核算看上去是一个技术问题，但实际上是生产现场是否愿意暴露问题和解决问题，是思想意识亟待提高的问题。

< 案例解析 >

D 企业内部损失成本分析

D 企业内部对质量把控很严格，每年客户发生的质量事故很少，每个月平均发生一两起，外部索赔的总金额为几十万元。D 企业的高管一直认为企业的质量管控做得很到位。直到财务总监引入了质量成本的管理思想，并对内部损失成本和外部损失成本进行了对比分析（表4-22），分析结果引发了高管层的深思。

表4-22　D企业质量损失情况统计表

金额单位：万元

月份	1	2	3	4	5	6	7	8	9	10	11	12	小计
内损	428	402	491	432	451	459	480	507	551	497	512	607	5,817
外损	6	3	9	8	11	5	7	3	9	6	5	6	78
合计	434	405	500	440	462	464	487	510	560	503	517	613	5,895
产值	31,980	22,271	31,057	31,728	31,281	31,455	31,219	31,543	31,341	31,719	31,571	31,598	400,104
损失率	1.4%	1.8%	1.6%	1.4%	1.5%	1.5%	1.6%	1.6%	1.8%	1.6%	1.6%	1.9%	1.5%

虽然每年的外部损失金额仅78万元，但每年的内部损失金额高达5,817万元，质量损失的金额占到产值的1.5%。D企业的财务总监同时提到，通过访谈调研同行业其他标杆企业，其他企业的产值质量损失率均在1%以内。高管层意识到D企业的质量管理还有相当大的改进空间，于是要求财务部协同质保部对内部损失成本进行更深度的分析，并每月在高管会上汇报。质量成本管理将作为企业新一年的战略重点。

很多时候企业的管理是凭感觉、凭经验，但有些感觉和经验是不够准确的，就如上述案例中，高管层凭感觉和经验觉得质量管理做得不错。而管理会计用数据呈现了真实的质量成本情况，每年高昂的内部损失数据让高管层震惊。管理会计旨在帮助企业理性经营、科学决策。

固定资产投不投

本书第 1 章就讲述过 A 公司要进行固定资产投资的情形，说明不能按照传统财务分析的思路，须根据公司的具体情况进行投资回报的分析，将分析结果作为决策的依据。本节将详细说明投资回报模型的建立以及验证过程。

一、决策的相关成本

决策涉及两个非常重要的成本属性——沉没成本和机会成本。沉没成本是指以往发生的，但与当前决策无关的费用。机会成本是指为从事某项经营活动而放弃另一项经营活动的机会，或利用一定资源获得某种收入时所放弃的另一种收入。

比如，某企业打算进驻电动汽车行业，在过去的五年中已经耗费上亿元的研发投入，现在打算将研发成果投入生产。企业目前面临的决策是，是否应该新建一个工厂。那么过去的研发投入其实是沉没成本，无论建不建新的工厂，研发投入都已发生，在新建工厂决策时不应参与计算。而新建工厂的资本支出如果投放到现有的产品业务，将促进现有业务收入增长20%，这就属于机会成本，在做决策时应参与计算。

所以特别强调的是，在决策时，要识别沉没成本和机会成本，沉没成本不应参与计算，机会成本虽然很难量化，但是要参与计算。但往往企业犯的决策错误是：把沉没成本纳入考量，忽略了机会成本，得出完全相反的结论。

二、决策时考虑时间维度

固定资产决策涉及投资金额大，一般跨越若干个会计期间，必须考虑时间价值，因为不同时点上的资金不等值。时间价值体现在贴现率上，即未来的款项折算为现值的利率。

早期就能获得回报的投资比晚期的更受青睐，因为获得回报的周期越长，风险越大，越长期的收益折现到现在就越不值钱。

三、固定资产投资决策的核心指标

我们在进行投资决策的时候，不是用每年的利润进行测算，而是用现金流量，即与投资项目相关的现金流入和现金流出。现金流入量减去现金流出量的差额称为净现金流量（Net Cash Flow，NCF）。

典型的投资项目一般分为三个阶段，建设期、经营期和处置期。各阶段的现金流量如表4-23所示。

表4-23　投资项目三个阶段的现金流量

时期	现金流入量	现金流出量
建设期	原有固定资产的变现收入	固定资产的购置、营运资金投入
经营期	营业现金流入（营业收入）	营业现金流出（各项付现的营业成本及缴纳的税金）
处置期	固定资产残值回收、垫支的营运资金的回收	处置投资的现金流出

投资项目评价的核心指标如下。

·净现值（NPV）：项目现金流入的现值与现金流出的现值的差额。

·现值指数（PI）：项目现金净流量的总现值与原始投资现值之比。

·投资回收期（PP）：从投资方案实施到收回初始投资需要的时间。

·内含报酬率（IRR）：项目现金流入的现值等于现金流出的现值时的贴现率。

表4-24、表4-25用模拟的数据说明项目各阶段的现金流量与核心指标的关系。

表 4-24　项目各阶段的现金流量与投资评价核心指标 1、2、3 的关系

项目	2015 年	2016 年	2017 年	2018 年	2019 年	2020 年
	建设期	经营期	经营期	经营期	经营期	处置期
项目年度	0	1	2	3	4	5
现金流入	—	400	400	400	400	100
现金流出	300	200	200	200	200	—
现金净流量	−300	200	200	200	200	100
贴现因子（贴现率按10%计算）	1.00	0.91	0.83	0.75	0.68	0.62
现金流现值	−300	182	166	150	136	62
累计现值	−300	−118	48	198	334	396
净现值						396
现值指数						=396÷300=1.32
投资回收期						1.7 年

表 4-25　项目各阶段的现金流量与投资评价核心指标 4 的关系

项目	2015 年	2016 年	2017 年	2018 年	2019 年	2020 年
现金净流量	−300	200	200	200	200	100
贴现率	0%	20%	30%	40%	50%	60%
净现值	600	215	123	63	23	−5
内含报酬率	可以看出，当贴现率在 50%~60%（58%）时净现值为 0，即现金流入的现值等于现金流出的现值					

实务中大家会比较关心这几个核心指标理论值应该是多少，如何运用。

·净现值要大于 0，没有谁会愿意投资一个净现值为负的项目，当然理论上净现值越大越好；但净现值越大，初始投资也越大，所以要比较不同初始投资额的方案时，可以用现值指数。

·投资回收期一般在 3—5 年较合适，当投资回收期大于 5 年时，企业要慎重考虑，因为项目周期越长，要实现项目预计的现金净流量面临的风险越大。投资回收期短、收益率高的项目很少存在，因为一旦有这样的项目，马上会吸引很多投资涌入，从而造成竞争激烈等情况，收益率会很快下降。

· 内含报酬率理论上越高越好，当高于企业预期回报率的时候，就可以投资。在多个方案中进行选择时，内含报酬率越高，方案越优。

固定资产的投资核心指标测算

企业进行固定资产的投资，主要有以下几种情形：

第一种，扩张性投资，即企业为了扩张业务而购置新资产；

第二种，重置性投资，即替换现存的机器设备；

第三种，强制性投资等其他情形，如法律要求的环保项目。

在上述情况下进行投资核心指标测算时，方法稍有不同，笔者总结的经验如下，仅供参考。

第一种情况下，企业需要评估是否投资购入新设备，可以直接计算各投资方案的 IRR。

第二种情况下，由于旧设备继续使用不涉及初始投资（旧设备的原值属于沉没成本，不应考虑），无法单独计算 IRR。新设备替换现存设备会产生原始投入，会新增现金流收入（或者减少成本开支），用差额法计算出 IRR。

第三种情况下，计算出来的 IRR 可能很低。但无论计算出来的结果怎样，这类决策都必须做，所以可以变换模型，即可以倒算出现金流入必须达到多少，企业才能刚好实现投资目标，从而可以向政府申请资源支持和补助等。

< 案例解析 >

D 企业新设备替换旧设备的投资核心指标测算

D 企业打算改造设备，用新设备替代老设备，新老设备的具体信息如

表4-26所示（为简化计算，只呈现关键的测算逻辑和思路，本案例忽略所
得税的影响）。

表4-26　D企业新老设备的详细信息

金额单位：元

项目	老设备	新设备	提供部门
原值	370,000	1,500,000	财务部、采购部
预计使用年限（年）	10	6	设备部
已使用年限（年）	4	0	设备部
尚可使用年限（年）	6	6	设备部
最终残值（按5%计算）	18,500	75,000	财务部
变现价值	130,000	1,500,000	设备部、采购部
贴现率		8%	财务部

关于设备的预计使用年限，值得说明的是：

使用年限在实务中很难准确估计，但这个参数对结果的影响非常大，
比如预计使用年限为7年而不是6年，就会多出一年的现金净流量，有可
能导致得出完全不一样的结论。

有一家企业曾提出疑问，机器的正常使用年限是15年，但现在技术更
新迭代很快，有可能5年后就会推出新的技术运用到机器上，而更新迭代
后的机器生产的产品才能满足客户需求，被淘汰的机器就不能用了。那么
预计使用年限是15年，还是5年呢？笔者建议在这种情况下，采用谨慎性
原则，选择预计使用年限为5年。

另外一家企业曾提出疑问，设备的使用年限为10年，但是该设备是为
了特定的项目投入的，特定项目只有6年，那么应该是10年还是6年呢？
笔者建议是看企业是否还会接到类似的特定项目，这个设备是否可以运用
于别的项目。如果没有类似的特定项目，采用谨慎性原则，选择预计使用
年限为6年。如果存在类似的特定项目，就可以继续使用设备，就选择设

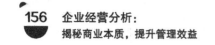

备的使用年限是 10 年。

D 企业用新设备替代老设备后，设备生产的产品产量不变，但年运行成本预计会大幅下降。具体情况如表 4-27 所示。

表 4-27　D 企业新设备带来的年运行成本下降

金额单位：元

项目	老设备	新设备	提供部门
年能源费用（电费）			
设备用电量（千瓦·时/天）	30	150	设备部
电费费率（元/千瓦·时）	0.7	0.7	财务部
每年生产天数（天）	312	312	生产车间
小计	6,552	32,760	
年维修、保养费用			
保养费用	5,550	22,500	设备部、财务部
维修费用	1,850	7,500	设备部、财务部
小计	7,400	30,000	
年度人工成本			
设备所需总人数	6	2	生产车间、工艺部
年人工工资	90,000	90,000	人资部
小计	540,000	180,000	
年运行成本合计	553,952	242,760	

关于设备的年维修、保养成本，值得说明的事项如下。

（1）企业签订的维保协议中设备的质保期有明确规定，在质保期内不需要预估维修费；在质保期后，则要根据过去历史的台账数据及经验，预估维修费占设备原值的比例。企业根据厂家建议的设备保养周期，预估相应的保养费用。

上述案例中，D 企业根据历史的经验，年维修、保养费大致为设备原值的 2%，该比例比较合理。

（2） 实务中很多企业重维修、轻保养，导致企业的维修费异常多，而保养费很少。还有的企业维修费和保养费在一个科目中，没有分开统计，看不到明细，无法评估是否合理。建议企业将设备的维修费、保养费分开核算，单独制定预算，并持续跟踪维修费、保养费的对比情况。这样在购置新设备时，设备的维修费、保养费就比较容易准确估计，也便于后期的跟踪验证和管控。

D企业对每年的现金净流量、投资评价核心指标进行了计算，结果如下。

（1）建设期现金净流量=老设备处置－新设备投资=130,000－1,500,000=-1,370,000（元）

（2）经营期（第1-5年）现金净流量=年运营成本差额=553,952－242,760=311,192（元）

（3）经营期与处置期（第6年）现金净流量=年运营成本差额＋固定资产残值=311,192+75,000=386,192（元）

表4-28所示为D企业新设备投资的现金净流量及投资核心指标测算情况。

表4-28　D企业新设备投资的现金净流量及投资核心指标测算

金额单位：元

项目	第0年	第1年	第2年	第3年	第4年	第5年	第6年
现金净流量	-1,370,000	311,192	311,192	311,192	311,192	311,192	386,192
现金流现值	-1,370,000	288,141	266,797	247,034	228,735	211,792	243,366
累计现值	-1,370,000	-1,081,859	-815,062	-568,028	-339,293	-127,501	115,866
净现值							115,866
内含报酬率							11%
投资回收期							5.5

根据表 4-28 的测算结果，由于净现值为正数，且内含报酬率高于企业的资金成本率（贴现率 8%），D 企业管理层决定用新设备替换老设备。

如何选择贴现率

笔者在实务中，经常被询问如何选择贴现率的问题。有的企业直接用借款利息率作为贴现率，这在应用中比较常见。理论上，贴现率应该等于企业的综合资金成本率。

单项资金成本率是指为某项资金来源所支付的费用占资金来源总额的百分比，比如借贷资金成本率、普通股股票资金成本率等。

综合资金成本率是指以各单项资金成本率为基础，通过加权平均方法计算出来的资金成本率，其计算公式为：**综合资金成本率（WACC）= 债务占融资总额比重 × 债务资金成本率 ×（1− 所得税税率）+ 股本占融资总额比重 × 股权资金成本率。**

债务资金成本率一般为企业借贷合同规定的借款利息率。

而股权资金成本率的计算较为复杂，在中级财务管理类的教材中都有介绍。按资本资产定价模型计算，**股权资金成本率 = 无风险报酬率 + 市场风险系数 ×（上市企业股票的加权平均收益率 − 无风险报酬率）**，无风险报酬率可以按无风险国债利率计算，但上市企业股票的加权平均收益率以及市场风险系数，则需要通过更专业的判断得出。

实务中，为简化计算，有的企业会采用股东预期的内含报酬率来代替股权资金成本率，这是可以接受的。假设企业的资产负债率为 40%，借款利息率为 6%，所得税税率为 15%，股东预期的内含报酬率为 20%，那么企业的 **WACC=40%×6%×（1−15%）+（1−40%）×20%=14.04%。**

持续跟踪：固定资产的投资核心指标跟踪验证

设备内含报酬率测算完毕只是设备投资管理工作的开始。企业管理层可以参考测算的内含报酬率，进行投资决策。一旦企业决定投资新设备，就需要把投资测算的结果作为管理的计划目标，在设备的生命周期中不断跟进、持续验证，当产生偏差时，组织相关部门改善，实现管理上的 PDCA 循环[①]。

< 案例解析 >

D 企业新设备替换旧设备的投资核心指标验证

D 企业购进了新设备，在新设备安装调试结束后，投入生产，财务部组织各部门提报了各参数的实际情况。新设备预测值与实际值主要在三个参数上存在较大的差异（如表 4-29 所示），影响了内含报酬率的结果。

表 4-29 D 企业新设备的实际运行参数

项目	老设备	新设备预测值	新设备实际值	提供部门
原值（元）	370,000	1,500,000	1,380,000	财务部、采购部
设备用电量（千瓦·时/天）	30	150	135	设备部
设备所需总人数（人）	6	2	3	生产车间、工艺部

采购部对比了几家的报价，通过积极谈判，将新设备的购进价格谈到了 138 万元；设备部也要求车间进行能源管控，新设备的实际用电量比预期下降 10%。但没有实现生产车间新设备预计的少人化目标，原计划新设备只需要配备 2 名操作工负责上料和成品检验，但实际多出了中间环节，额外需要 1 名操作工。

按照企业实际运行情况，更新新设备的投资评价核心指标如表 4-30 所示。

[①] PDCA 循环是美国质量管理专家休哈特博士首先提出的，由戴明采纳、宣传，获得普及，所以又称"戴明环"。PDCA 循环的含义是将管理分为四个阶段，即 Plan（计划）、Do（执行）、Check（检查）和 Act（处理）。

表 4-30　D 企业新设备的实际投资评价核心指标

项目	预测值	实际值
净现值（元）	115,865	−157,735
内含报酬率	11%	4%
投资回收期（年）	5.5	—

如果企业不进行内含报酬率验证，按照此实际情况运行下去，这项投资就是失败的投资，其给企业带来的净现值是负数，内含报酬率低于企业的资金成本率。

此结果引起了管理层和生产车间的高度关注。设备预计的少人化目标没有实现是根本原因，技术专家连同车间班组长一起商议，拿出了改进方案，并整改到位。整改后再次得出投资评价指标，净现值调整为 50,295 元，内含报酬率达到 9%，这足以说明不断跟踪、持续完善的重要性。

半年来，D 企业通过加强材料成本的差异分析及追踪、四个工厂的人效对比分析及改进、制造费用管控措施的制定及执行，内部质量成本损失的理念统一等，大幅提高了工厂现场的管理水平，D 企业的毛利率提升了三个百分点。董事长高度肯定了大家付出的努力和成绩，鼓励大家再接再厉。

第 5 章

销售业务的经营分析

➤ 从一个案例说起：

E 企业是一家大型管道制造业企业。由于管道一定程度上受到运输条件和运输距离的制约，产品销售具有明显的区域性特征，E 企业在全国建立了 10 个生产基地，每个基地负责其合理运输半径内的客户订单。

E 企业在江苏区域布局早，品牌知名度高，拥有成熟的渠道体系，其管道产品的价格处于市场高位水平，但一直供不应求，高价带来了高利润。同时 E 企业对渠道商十分强势，渠道商必须支付预付款，企业才会发货。因此在江苏区域，E 企业一直过得很滋润，利润率高且资金充裕。

但 2020 年上半年，江苏区域突然冒出了一个竞争对手和畅（化名），其产品的质量略次于 E 企业，但价格要便宜 30%，并且给予渠道商 90 天的账期，一时间渠道商纷纷转向与和畅合作。但 E 企业仍然不以为意，认为自己有品牌优势和质量保障，直销的大客户不会离开，一些小的渠道商离开不构成威胁，和畅无法与自己竞争。

2020 年 12 月，E 企业发现一些员工陆续提交辞职信，经调查发现原来是和畅在以高薪挖自己的销售人员。据业内人员透露，和畅 2020 年的销售额已达到 E 企业江苏区域的一半，其内部订立的目标是 2021 年要超过 E 企业在江苏区域的销售额及影响力。

这个时候 E 企业的总经理和江苏区域销售总监才开始紧张，内部组织管理层商议应对和畅凶猛的竞争态势的对策。

E 企业的经历是很多大型企业发展历程的一个缩影，企业在顺风顺水的时候，没有居安思危，本来拥有得天独厚的优势，结果被竞争对手反超。企业在这时如若还不能痛定思痛，积极寻求改善方案，那么离破产倒闭可能只有一步之遥。

如何定价才合理

价格通常是影响销售交易成败的关键要素，也是销售管理环节难以确定的因素。企业定价的目标是双赢——企业能够有利润，客户或消费者可以接受。价格是销售管理中灵活的因素，是供需市场实时的动态博弈的结果之一，企业要保持对市场的灵敏性，选择合适的定价策略，才能一直立于不败之地。本节主要从管理会计的视角，阐述两种成本导向定价法的区别及应用场景。

什么场景适合使用成本加成定价策略

成本加成定价策略是常见的定价方法，先求出企业的成本基数，在这一基数上加上预定的百分比，得出目标售价。

产品价格 = 产品单位成本 ×（1+ 加成率）

这种类型的定价方法易于计算，并且价格相对透明，便于解释定价的过程；价格的稳定性高，便于管理者执行，而且有利于企业回收成本，保证企业的利润。

一、完全成本加成定价法

这里的成本基数是指单位产品的全部成本，包含单位产品的变动成本和分摊到产品的固定成本，加成率是企业预期的利润率。

比如某企业产品的单位变动成本是 7 元，企业的固定成本是 3,000 元，该产品预计销售 1,000 件，单位产品的全部成本为 **7+3,000÷1,000=10（元）**。该企业预期的利润率是 30%，则单位产品的售价为 10×（1+30%）=13（元）。

实务中一些企业所在行业的惯例就是按照完全成本加成定价法计算。通常这种行业带有垄断性质，市场竞争不太激烈或者企业产品具有独特性，也就是一些企业口头上总说的"我们是非标产品，没有竞品，所以按照我们认为合理的价格报价"。

采用这种定价方法的企业需要关注的是，一旦市场竞争格局发生变化，企业要迅速捕捉信息并对定价进行调整，否则会失去原有的竞争力。比如行业突然放宽准入的条件，产生了一批新的进入者，他们通常采用低价策略以获取市场占有率，如果行业老牌龙头企业仍然不为所动，定价方法和预期利润率都不做调整，就有可能被新进入者抢走一部分客户。

这种定价方法还有一个弊端——企业没有降本积极性。企业内部人员认为，成本越高定价才会越高，反正利润不变，那么成本高是理所当然的事情。值得警醒的是，如果企业不做改变，一旦出现强有力的市场竞争者，企业除了降低预期利润率，在成本上基本无应对方法和还手之力。

二、变动成本加成定价法

这里的成本基数是指单位产品的变动成本，加成率往往是企业根据经验给出的溢价率。

比如某企业产品的单位变动成本是 7 元，企业的预期溢价率是 100%，则单位产品的售价为 **7×（1+100%）=14（元）**。

笔者在实务中了解到一些企业用变动成本加成定价法的原因是，企业单位变动成本数据相对准确，而用完全成本估计相对困难和费时费力，可能来不及报价。报价通常有时效性，有的订单客户要求一天内就要给出报价，为了拿到订单，企业会简化计算报价。比如一家设备定制生产企业，单位变动成本就是设备生产需要的零部件和材料的价格，设计师根据客户的图纸就能出具技术 BOM，采购人员通过直接询价得到预估金额。有读者也许会问，设计人员的工资不是变动成本吗？因为这家企业的设计人员拿固定工资，固定工资很难分摊到每台设备上，所以将设计人员的工资都定义为固定成本。然后销售人员根据经验，在采购金额上直接乘以 2.3，将其作为报价。这个结果与财务人员经过精细计算，用完全成本定价法得出的结果相差无几。

如果在以上情形下应用变动成本法，会遭到一些资深人士的反对，他们认为这样做虽然方便，但会导致管理层进一步忽视固定成本。销售人员的经验虽然是企业很宝贵的财富，但随着企业产品种类的增多，加之市场瞬息万变，销售人员的溢价经验倍数与实际可能存在偏差，因此建议企业借助完全成本的分析，验证变动成本法。

企业经常使用变动成本加成定价法的另一个原因是，当**企业的实际产能低于预算产能及规划的产能时，企业有闲置的产能。这个时候企业接到的订单，只要价格高于变动成本，就会产生正的边际贡献，就会增加企业的利润。所以可以在变动成本的基础上，加上合理的加成比例，以价格优势获得更多订单，更加充分地利用生产资源。**

但需要说明的是，这种定价偏重于短期定价，具有投机的特点，即为了短期目标的实现，根据市场供需变化，保持一定的价格灵活性。当产能闲置的时候，就降低价格；当产能供不应求的时候，就提升价格。一些资深人士表示反对，他们认为价格降容易，提升难，即使价格提升上来了，也给客户或消费者不舒服的感受，降低了客户或消费者的满意度和黏性。

如果企业只考虑短期的定价，企业的固定成本就只是沉没成本，是决策无关成本。短期决策更适用于企业考虑一些单一特殊订单的决策，还有在不同产能情况下产品的组合决策。但从长期定价的视角来看，固定成本是可以改变的可变成本，就是决策的相关成本了。企业的价格管理需要和战略高度匹配，企业需要考虑长期定价。

< 案例解析 >

E 企业的定价策略及问题

笔者访谈了 E 企业的江苏区域销售人员，并获取了 E 企业的一些产品报价资料。销售人员介绍，E 企业采用完全成本加成定价法，加成率 ≥ 30%，加成率的上限要依据销售人员的经验而定，而他们的策略是价格尽可能地往上报。

这样有些不可思议，毕竟 E 企业所在的行业竞争较激烈，如果加成率很高，极易导致丢单。E 企业的江苏区域销售总监却说："我们有品牌优势，而且我们的大客户是国企，对价格没那么敏感，对质量的要求很高，所以我们的加成率会高一些，这样才能保证企业的利润率。产品加成率一般在 35%，只是略高于行业平均水平。"

然而在对一些产品的报价资料进行详细的复核分析时，发现了一张销售总监审批签字通过的报价单，如表 5-1 所示。

表 5-1　E 企业管道产品 1 报价单

金额单位：元

产品	材料成本	人工成本 + 制造费用	包装成本	运输成本	产品完全成本	不含税报价	成本加成率
产品 1	7.4	3.8	0.3	0.6	12.1	19.5	61%

表 5-1 显示，E 企业管道产品 1 的成本加成率高达 61%。这张报价单并不特殊，在 100 张报价单中，有 10 张以上的报价单显示成本加成率高于 35%。销售总监陷入沉思并不得不承认："一方面，在具体客户的成本加成率上，销售人员会凭对客户的了解和经验调整成本加成率。如果判断客户对价格不敏感，成本加成率就高。另一方面，销售人员担心内部核算的产品成本不准确，所以在报价时一般留有余地。"

这样的报价方式可能会导致企业的报价毫无竞争力。E 企业过去在市场份额比较稳定的情况下，保障利润率无可厚非，完全成本加成定价法符合企业的需要。但现在市场竞争态势变化，E 企业"保收入"应优先于"保利润"，不能再沿用之前的报价方式。销售总监表示要调整企业的定价策略。

什么场景适合使用目标成本法定价策略

目标成本定价法是指首先设定一个目标价格，然后根据企业的目标利润，计算出目标成本。这个目标成本不是企业的实际成本，而是需要通过内部各种降本增效措施来实现的计划成本。

当要确定企业的目标价格时，成本资料并非唯一的信息来源，既要考虑竞争对手的报价，还需要估计潜在客户对于产品或服务所愿意支付的价格。一些企业盲目地把竞争对手的低价格作为定价，虽然以低价格拿到了订单，但亏损严重。

企业需要更深入地研究客户或消费者对产品或服务的功能需求，以及价格的可接受性，从而确定自身产品或服务的功能和价格。比如竞品比自身产品多两项功能，价格贵 3 元，但企业研究发现这两项功能对客户或消费者而言无关紧要，而价格是客户选择时更为看重的因素，那么企业可以做出决策，即减少这两项产品功能，价格再降低 3 元，让产品更具竞争力。

即使企业想全面模仿并超越竞争对手，也要建立在对竞争对手真正了解的基础上。一些企业为了研究竞争对手，除了通过销售人员获取竞争对手的报价信息，还会成立类似于"Benchmark 室"这样的组织单位 [1]，购买竞品并进行拆解分析，研究其性能参数、材料使用和结构设计等，破解竞争对手成本优势的秘密。这项工作不是研究一次就完成了，是要持续进行的。

---

[1]　很多企业将对竞争对手和竞品的分析称为"Benchmarking"（标杆分析法）。有的企业会设立专门的职能部门及岗位从事该项工作，比如竞品分析工程师（Benchmark Engineer）。

在成本企划阶段，在确定了目标价格后，企业以目标价格减去单位目标利润求得单位目标成本。**在成本改善阶段，企业找到实际成本和目标成本的差距，通过不断开展成本改善活动以达到要求的目标成本。成本改善活动需要营销、开发与设计、采购、生产、工艺、财务、供应商等人员来进行。**鉴于在制造过程中寻求成本改善费力费钱，企业在产品的规范和设计阶段会花更多的时间。

目标成本法着眼于未来市场和企业中长期的成本竞争力，对成本形成的全过程进行监控，其应用上不仅要求企业有高素质的人才，还要有很强的跨部门沟通协作能力。所以管理水平不够高的企业在引入目标成本法后，执行效果往往不佳。

〈 案例解析 〉

E 企业目标成本法的导入

E 企业对比了自身产品和竞品的性能，分析了客户或消费者对性能的要求，参见表 5-2。

表 5-2　E 企业管道产品 1 与竞品的对比分析

客户功能需要	竞争对手评分	E 企业评分	客户或消费者要求评分
性能：强度	4.5	5	4.5
性能：韧性	4.5	5	4.5
性能：抗老化	4	5	4
材料：安全无毒	5	5	5
外观：美观	4	5	3.5

从表 5-2 可以看到，E 企业的管道产品 1 和竞品都满足了客户或消费者的功能需求，但 E 企业没有区分客户对功能的需要程度，导致 E 企业的产品成本比竞品高，从而在价格上没有竞争力。

E 企业的市场部组织设计研发、生产、采购、财务等多部门进行了研讨，对自身产品的功能进行重新界定，并为抢占市场，确定了有竞争力的目标成本，如表 5-3 所示。

表 5-3　E 企业管道产品 1 目标成本的确定和成本差距分析

产品	材料成本	人工成本 + 制造费用	包装成本	运输成本	产品完全成本	报价
竞品	6.7	2.7	0.2	0.5	10.1	13.1
产品 1 目标价格	—					12.5
产品 1 目标成本	—				10	—
产品 1 目标成本分解	6.6	2.7	0.2	0.5	10	—
产品 1 实际成本	7.4	3.8	0.3	0.6	12.1	—
成本差距	0.8	1.1	0.1	0.1	2.1	—

E 企业确定并分解了目标成本，找到了成本差距，材料成本、人工成本和制造费用的差距较大。E 企业对内提出了降本的要求和考核激励措施。

各部门提报了改善结构设计、选择性价比更高的材料、在运输中考虑更多的拼装等一系列降本措施，不断进行成本优化。这样一家行业老牌企业正激发出新的管理活力，以重新赢得市场认可和信赖。

应收账款反映了什么

不同企业对应收账款的感知是不一样的。笔者在实务中发现，一些企业应收账款的余额很少，几乎没有，这跟企业的商业模式等有关。比如企业的商品很紧俏，采用现款现货的销售政策，款到才会发货，那么这类企业就基本上不存在应收账款的管理问题，企业的账面资金通常比较充裕。

有些企业手头没那么宽裕，甚至有时还出现资金缺口，但其对应收账款管理并不在意。笔者访谈这些企业的管理人员了解到，他们认为企业历史上从未发生过坏账，账款总会收回来。由于企业自身在产业链中处于"夹心层"的地位，供应商和客户都比自己强势，客户愿意回款的时候回款，不愿意回款的时候，企业采取的各种跟催措施的收效甚微，所以企业认为无须在应收账款上花费过多的时间和精力。这种管理思想在市场环境好的情况下不会出现大的问题，一旦遇到市场波动，就会让企业面临资金断裂的风险。

还有些企业应收账款占总资产的比重很大，其为了扩大销售额，盲目采用赊销策略，造成应收账款长期挂账，账面余额逐年递增，资金链一直处于很紧张的状态。为解决应收账款难收回的问题，企业应制定和实施恰当的信用政策，加强应收账款的分析和管控。这些也是企业销售管理非常重要的组成部分。

该不该赊账：企业信用政策如何制定

企业不采用赊销政策，会约束销售收入的增长，但是盲目采用赊销政策则会带来更大的风险。目前国内大多企业并不是很了解信用管理的理念。

笔者接触的一家企业想拓展本省以外的市场业务，但愿意合作的对方企业要求信用账期是 180 天，该企业认为账期太长，担心有风险，就放弃了这次合作机会。其实该企业过往每次遇到机会时，都担心存在的风险，但不知如何评估和应对，所以本省以外的市场一直未能打开。

而另一家企业不断签合同订单，根本不在意合同约定的账期和付款条件。该企业总经理的理念是，有了合同订单，就能获得政府补助和投资人的青睐，资金不会有问题。结果企业大量应收账款逾期，造成资金出现巨大的缺口，导致企业差点经营不下去。

企业容易出现短期行为和更加重视经营目标的实现，忽视或者根本不知道应该重视信用管理长效机制的建设。大多数企业都没有专门的部门来负责信用政策的制定和实施，有的企业基本上由销售部或者财务部负责信用管理的工作，这项工作开展的有效性会受到部门本位主义的制约。如果销售部负责信用管理，就倾向于制定宽松的政策，便于销售部门完成销售业绩；如果财务部负责信用管理，就倾向于制定严格的政策，便于应收账款的回收，减少资金的压力。当出现问题的时候，双方就会推卸责任。比如，对于一个合作的新客户，在判断给予其多大程度的信用时，企业虽然有评价客户信用质量的基本准则，但销售部依靠自己对客户信息的分析和理解确定信用额度，通常会给客户较高的信用评价。如果和新客户合作，新客户因经营恶化失去支付能力，那么财务部会指摘销售部信用风险把控不严，销售部会指责财务部之前没有给出足够的、有说服力的意见。

企业需要由专人负责信用管理，信用管理很难执行的原因在于企业缺乏这方面的专业人才。信用管理人员既需要有营销、信息、财务、法律等多方面的专业知识和经验，也需要熟练运用信用管理的科学方法和工具。目前信用管理人才稀缺，实质上，各种复合型经营管理人才都短缺。

信用管理很难执行的另一个原因是，信用政策的制定缺乏信用信息的支撑，特别是客户资信方面的信息。企业在制定信用政策时，依据的往往只有销售部提供的客户档案以及企业内部各部门积累的与客户的合作记录。

有的企业内部各部门关于同一个客户的信息尚且没有打通，客户信息非常少、不充分、不完整，更别提主动地去搜集、完善客户的信息了。有些信用理念和意识比较强的企业会对外寻求资源，如向各种商业评级机构购买企业信用评级资料。但目前社会上能够专门提供资信信息服务的中介机构还相对较少。

很多企业目前仍处在个别人员把控信用风险的阶段，未建立信用政策体系。比如由于企业决策者或销售总监能够了解到大客户更全面的信息，决策者或销售总监就直接判定给大客户的信用条件和收款政策。而随着企业规模越来越大，决策者或销售总监能直接接触的大客户数量有限，而且在 VUCA 时代下外部环境瞬息万变，如果企业没有安排专人实时掌握客户的资信状况和有效调整信用政策，那企业将难以避免信用风险。

有些企业虽然制定了信用政策，但在执行中总存在一些问题。比如销售部考核大多偏重收入指标，销售部为了完成业绩会钻信用系统漏洞。又比如个别客户回款延期造成部分信用额度未释放，销售为完成任务故意调低单价，待出库后再修改出库单单价，完成开票。因此，信用管理并不是制定了信用政策就结束了，还需要梳理整个销售环节流程，确保信用政策得到有效执行。

● 知识拓展

信用政策的涵盖内容 [①]

信用政策是指为支持总体战略目标的实现，企业明确了回款的速度和坏账率的控制水平，制定了应收账款管控的基本原则和行为规范，是企业财务政策的重要组成部分。它主要由信用标准、信用条件

---

① 参考一些专业机构的文章，如北京正信信用评价有限公司理论研究部的《信用政策和信用政策的制定》。

（信用期限和现金折扣率等）和收账政策三个方面组成。

1. 信用标准

信用标准是企业同意向顾客提供商业信用的最低条件。只有具备了信用标准，管理人员才能判断是否给予客户信用和给予多大程度的信用。在收集、整理客户的信用资料后，外企通常采用5C 分析法[1] 来评价客户信用。

2. 信用条件

信用条件包括给予客户的信用额度、信用期限、现金折扣率和折扣期限。信用期限是指企业允许客户从购货到付款之间的时间，如企业允许客户在购货后的 50 天内付款，则信用期限为 50 天。信用期限过短，对客户没有足够的吸引力。信用期限放长，销售额会增加，但管理成本（管理人员的成本、应收账款占用的资金成本等）和坏账风险也会增加。

现金折扣是指企业在商品价格上所做的扣减，常采用类似"2/10, n/30"的表示形式。其是指，从发票开出次日算起，折扣期10 天内付款，可以享受 2% 的现金折扣率，超过折扣期付全额，最迟30 天付款，即 30 天为信用期限。现金折扣一定要和信用期限结合起来考虑。

对于签长期合同的客户，企业经常提供多个价格和信用条件的组合策略。制定信用条件时，要进行相应的成本效益分析，因为不同的信用条件会产生不同的效益和成本。

3. 收账政策

在正常情况下，客户应按信用条件的规定，到期及时付款，履行其责任。但是，由于各种主客观情况，有客户拖欠货款。收账政

---

[1] 5C 分析法最初是金融机构分析客户信用风险时所采用的专家分析法之一，它主要集中在借款人的道德品质（Character）、还款能力（Capacity）、资本实力（Capital）、担保（Collateral）和经营环境条件（Condition）五个方面进行全面的定性分析以判别借款人的还款意愿和还款能力。

策是指对于逾期欠款的客户采取的收账策略，比如电话催询、发催款
函、提请仲裁等。催收账款也会产生不同的效益和成本，催款力度越
大，成本越高（比如高额的诉讼费），但发生的坏账损失就越小。企
业在制定收账政策时要平衡效益和成本。

〈 案例解析 〉

E 企业信用政策体系的建立

E 企业过去采用现款现货以及预付款的信用政策，限制了销售收入的
增长。E 企业管理层意识到这个问题，在总经办设立了信用专员岗位，专人
专岗负责信用管理工作，并成立了信用管理专项小组（财务部、销售部、
信息部等人员加入），开展信用政策体系的建立工作。

企业制定了信用管理流程和制度，需要对所有拟发生赊销业务的客户
进行信用等级评定。企业明确了客户调查中需要收集的资料和信息，财务
部整理了 2020 年所有客户的交易记录。根据 5C 分析法，专项小组对客户
进行了评估，分为四类（以下是总原则要求，实际中有详细的指标标准，
比如年度交易至少达到的金额、逾期付款不能超过的次数、注册资本必须
达到的金额等）。

特级客户：规模大、信誉好、经营状况和财务状况好的客户；

一级客户：有一定规模，与企业有长期业务往来，信誉较好；

二级客户：经营情况、付款情况较好，与企业有一定业务往来的客户；

三级客户：有不良付款记录、信誉较差的客户。

企业根据客户的信用等级区别授信，参见表 5-4。

表 5-4　E 企业客户信用策略

信用等级	信用额度	信用期限
特级客户	1,000 万元以上	60 天 < 信用期限 ≤ 90 天

续表

信用等级	信用额度	信用期限
一级客户	500万—1,000万元（不含）	30天＜信用期限≤60天
二级客户	100万—500万元（不含）	信用期限≤30天
三级客户	不给予授信	

在确定信用额度和信用期限时，专项小组进行了详细的讨论和测算，在总原则要求下针对每个客户进行逐一确认。与竞争对手相比，E企业给出的信用额度和期限有足够的吸引力。E企业根据客户过往的付款周期和习惯，评估客户会欣然接受的信用条件。最重要的是财务部、销售部根据信用额度和信用期限预计回款情况，对资金计划进行了充分的预测，保证在谨慎估计下资金链不会断裂。

2021年1—3月，E企业完成了其全部300余家客户的信用评估和授信策略制定。同时，对信用额度的申请、信用额度的变更、逾期应收账款的催收等都制定了详细的流程和制度表单。

E企业信用政策体系于4月开始试运行。销售部与客户洽谈，签订新的合同；财务部监测客户的信用额度使用情况和回款情况；内审部监督流程的执行情况。该信用政策实施后，E企业成功从竞争对手那里抢回了一部分原有客户。该信用政策体系的搭建只是一个开始，还要边实施边完善。企业要求对客户的授信实施动态管理，客户的信用等级每半年要重新评估一次，根据客户信用情况的变化及时调整信用额度及期限，确保授信安全。

管理好应收账款就能加速资金循环

企业应建立信用政策体系，控制应收账款的发生；同时还应加强应收账款的日常管理，针对应收账款分析中发现的问题采取解决措施，加速资金循环。

一、应收账款周转率计算公式

应收账款周转率是企业在一定时期内赊销净收入与平均应收账款余额之比，即：

应收账款周转率 = 赊销收入净额 /[（期初应收账款余额 + 期末应收账款余额）/2]

赊销收入净额 = 销售收入 - 销售退回 - 现销收入

应收账款周转天数 =360/ 应收账款周转率

二、应收账款周转率的应用

应收账款周转率并不是越高越好，其与企业的信用政策紧密相关。改变信用政策，就会引起应收账款周转率的变化。将应收账款周转率与企业以前的、现在预算的及同行业的应收账款周转率相比较，可以评价应收账款管理中的成绩与不足，优化信用政策。

比如企业对主要客户的信用期限是 40 天，企业之前应收账款周转天数是 30 天，现在应收账款周转天数是 50 天，可见企业的收款业绩在下降。那么企业需要分析，是否是主要客户的资金状况较之前紧张，是否应对信用期限进行合理调整，是否应该制定更严格的收账政策。

三、账龄分析法 [①]

账龄分析法是按应收账款拖欠时间的长短，分析判断可收回金额和坏账的方法。通常而言，应收账款账龄越长，其所对应坏账损失的可能性越大。可将应收账款按账龄长短分成若干组，并按组估计坏账损失的可能性，进而计算坏账损失的金额。

常见的账龄的计算方法有两种。只要企业和客户发生交易，就产生应收账款。一种是基于销售单据发生的日期（业务发生时）开始计算账龄。**账龄 = 计算日 - 销售单据日**。这种计算方法侧重于分析一笔应收账款已经

---

① 刘玉平 . 资产评估教程：第 3 版 [M]. 北京：中国财政经济出版社 ,2010.

多久未收回款。

一种是基于付款基准日，即发生业务的日期，加上给客户的信用期限，计算出付款基准日。超过了付款基准日的为逾期账龄。逾期账龄 = 计算日 − 付款基准日。这种计算方法适用于催款。

假设某企业与其客户在 3 月 1 日发生了一笔 20 万元的业务，5 月 1 日发生了一笔 15 万元的业务，该客户的信用期限为 45 天，那么企业在 5 月 28 日进行账龄分析时，按照两种方法分别统计的账龄分析表如表 5-5 所示。

表 5-5　两种方法统计的账龄分析表

金额单位：元

一、基于销售单据发生的日期				
	30 天以内	30 天（不含）-60 天（含）	60 天（不含）-90 天（含）	90 天以上	合计
应收账款余额	150,000		200,000		350,000
占比	43%		57%		
二、基于付款基准日				
	信用期内	逾期 30 天以内	逾期 30 天（不含)-60 天（含）	逾期 60 天以上	合计
应收账款余额	150,000		200,000		350,000
占比	43%		57%		

对于已经超过信用期限的应收账款，企业可以计算出其所占的百分比；逾期时间很长的应收账款，企业要评估形成坏账的可能性。如果有大部分账款逾期，企业需要检查信用政策执行情况。

在实务操作中，需要注意以下几点。

·关于应收账款余额的确认，销售部和财务部要定期和客户对账，这是非常重要的基础工作。比如有的企业从发票开具时开始计算信用期限，而客户方从收到发票开始计算，两者之间就会产生不一致；又比如品种、退换货等导致金额方面的误差。这些都会影响应收账款的正常回笼。

·账龄分析表如果是手工统计的，工作量大且易出错。现在企业一般用信息系统自动生成账龄分析表。企业可以选择统计的口径，即可以选择按照销售单据发生日期计算，还是按付款基准日计算。如果企业使用的信息系统没有相关功能，可以购买或进行二次开发。

但是有了信息系统，不代表账龄分析就一定准确。业务人员需要及时录入销售单据；如果有回款，财务人员也要根据回款单及时核销。只有重视了基础数据的录入，才可能生成及时准确的管理报表。笔者曾遇到的情形是，客户已经付款，而财务部的回款核销不够及时，销售部根据系统生成的逾期账款提醒继续向客户催收，导致客户非常愤怒，极大地降低了客户满意度。

＜ 案例解析 ＞

E 企业应收账款的账龄分析及管控

E 企业的信用体系在 2021 年建立，之前采用现款现货政策基本不存在应收账款的历史遗留问题。

E 企业对特级、一级客户关注度很高，这些客户本身的信誉也很好，所以从 2021 年 4—6 月，特级、一级客户的应收账款都在信用期限内，没有坏账风险。

而对二级客户进行账龄分析的时候，发现了一些异常情况，参见表 5-6。

表5-6　E企业二级客户账龄分析表

金额单位：元

账龄结构	2021年6月30日账面金额	占比
信用期限内	212,458,090	95%
逾期30天以内	9,817,709	4%
逾期30天（不含）—60天（含）	1,732,990	1%
逾期60天以上	—	—
合计	224,008,789	100%

　　总体来看，信用政策是合理的，绝大多数应收账款都在信用期限内，但有3家客户在逾期30天以内的区间，1家客户在逾期30（不含）—60天（含）的区间。E企业专项小组对这4家客户进行了调查和讨论，判断是否属于故意拖欠。经调研后，发现这4家均不属于人为赖账，于是要求销售人员根据收账政策采取积极的催账措施。

　　同时对内落实催收账款的责任。E企业开始时将应收账款的回收直接与销售人员的业绩挂钩，即销售人员的提成根据已回款金额计算，而不是按照销售额计算。后来销售人员反馈这样的提成发放方式过于严苛，销售人员拿到提成的速度太慢，会减弱销售人员的积极性，要求企业按销售额计算提成，但如果发生逾期的应收账款，企业可以计算逾期的罚金来扣减提成。E企业接受并同意了销售人员的提议，通过扣减逾期罚金（**逾期金额 × 逾期天数 × 天资金成本 ×1.5**）来计算提成。

　　财务部、信用专员每月必须进行账龄分析，并且把逾期情况通报给对应的销售人员及其上级领导，否则也会扣罚当月绩效的15%。E企业既制定了信用政策争取了更多的客户，提高了销售额，又严密监控应收账款的日常管理，防范了坏账风险。

最让人头疼的销售费用

在做三大期间费用（销售费用、管理费用和财务费用）预算的时候，销售费用往往让管理层最头疼。销售部、下属子公司提报的销售费用申请让管理层难以决策：如果给，每年销售费用攀升；如果不给，要是影响了业务发展，损失更大。常见的做法就是对销售费用进行总额控制，销售费用的预算金额与目标销售额成一定比例。销售额目标定得越高，给的销售费用预算总额也就越多。

销售费用占销售额的比例不是固定不变的（很多企业简称"费销比"）。市场开拓初期，销售费用所占的比重会较大；随着销量的提升，费用比例会逐渐降低，直至相对稳定。通常企业会将产品进行区分，老品的比例偏低一些，新品的比例偏高一些。

在实务中有"一刀切"的情况，即不少企业对新老事业部采用统一费销比，这使得新品事业部苦不堪言。但这些企业认为新品事业部虽然需要做更多的市场拓展和促销活动，但他们的销售额目标低，所以费销比很公平。

费销比管控的底层逻辑是认为销售费用应该随着销售收入的变动而变动，销售收入完成得更多，才能花费更多的销售费用。 而实务中销售费用也需要分为固定的销售费用和变动的销售费用，只有变动的销售费用才与销售收入存在正向变动的关系，固定的销售费用与销售收入不存在直接的关联，无论销售收入的情况完成如何，固定的销售费用都必须发生。新品事业部也会有固定的销售费用，如果忽视这部分，只按照销售收入的一定比例给到变动销售费用，就可能无法满足新品事业部的日常运营开支。

固定的销售费用通常包含销售人员固定薪酬部分、广告费中每年固定的部分、固定的通信费用、销售门店的租赁费等，这些费用与销售额无直接关系。变动的销售费用通常包含差旅费、业务招待费、销售折扣、促销费用、销售返利等，这些费用与销售额存在一定的正比例关系。

假设某企业新老事业部的销售费用都是按销售额的 5% 进行控制，但固定销售费用的金额较大，如表 5-7 所示。

表 5-7　某企业销售费用的固定与变动部分

金额单位：万元

项目	老品事业部	新品事业部
销售额目标	2,000	500
销售费用预算总额（费销比5%）	100	25
固定销售费用	30	15
变动销售费用	70	10
变动销售费用占销售额比例	3.5%	2%

可见，本来应该倾斜资源、投入更多销售费用以期打开市场局面的新品事业部，实际上才获得了占销售额 2% 的变动销售费用，所以新品事业部苦不堪言，属于真实情况。当业务部门反映工作推进困难，管理层不能理所当然地凭经验和直觉给出意见。管理层需要透过数字看到业务的本质，在深入了解和分析成本费用的基础上，给予业务发展需要的支持。

如何分析销售费用

在经营过程中，对销售费用进行分析是很有必要的。要及时发现异常的情况并及时调整，从而达成预期的销售额及费用管控目标。

< 案例解析 >

E 企业销售费用分析

1. 销售费用的总体分析

E 企业 2021 年上半年销售额和销售费用的预实对比情况如表 5-8 所示。

表 5-8　E 企业销售费用总额控制情况

金额单位：万元

项目	2021 年 1—6 月预算	2021 年 1—6 月实际	差异
销售额目标	160,000	172,000	12,000
销售费用预算总额	19,000	20,700	1,700
销售费用总额占比	11.88%	12.03%	14.17%

　　E 企业上半年超额完成了销售额目标，但为此也多发生了销售费用，预期的费销比目标并未达成。这种情况下，如何评价销售部门的业绩？销售部门的费用是不是要在下半年加强管控，预算外的费用申请一律不批准？

　　建议可以根据本书第 2 章表 2-5 提及的战略目标量化指标，进行指标的标准值和权重的设定，并作为对销售人员的业绩评价的依据。E 企业现在处于与竞争对手抢占市场的高速发展阶段，销售额目标的达成更为重要。因此 E 企业在评价销售部门业绩的时候，把销售额目标的考核权重设定为80%，费销比的控制目标的考核权重设定为 20%。两项都能达成是理想情况。实际市场竞争尤为激烈，为达成销售额目标，需要比预期投入更多的资源，E 企业的销售部门选择了完成销售额目标，而牺牲了费销比。

　　很少有企业采用预算外费用一律不批准的绝对管控方式。E 企业对销售费用采用相对管控的方式，即企业的费控系统能实时查询费用的使用情况，当实际金额达到预算额度的 90% 时，系统会预警。销售部门收到提醒后，需要对未来预计发生的销售费用进行预估，及早提交预算外申请，以避免需要使用时没有预算额度，耽误了业务的进展。预算外费用申请的审批流程较长，销售副总需要对费用发生的合理性和必要性进行审批。这样既能保证预算的刚性，又保持了一定程度的灵活性。

2. 销售费用的构成分析

E 企业 2021 年上半年销售费用明细的预实对比情况如图 5-1 所示。

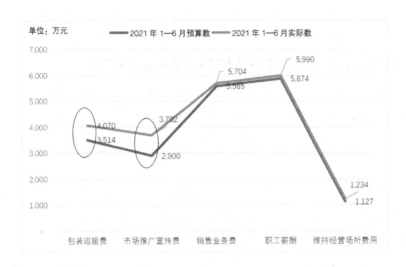

图 5-1　E 企业销售费用明细构成的差异分析

从图 5-1 可见，预实差异最大的是市场推广宣传费和包装运输费[①]。E 企业销售部进行了深入分析（E 企业的销售和市场职能未分开，都由销售部负责），结论如下。

市场推广宣传费的差异主要是因为新增了赛事活动费。

在编制预算时，主要考虑的是户外广告费，包括电梯广告费、地铁广告费和户外品牌广告费。对于这些广告投向的地域，制定预算时根据商圈和人流量向广告传媒公司询过价，因此实际的耗费与预算几乎无偏差。

但实际新增了三场赛事活动费约 800 万元，在编制预算时并未考虑。企业赞助了三场赛事活动，分别是装修大赛、家居产业发展论坛和地暖大

---

① 按照新的收入准则，运输费用将计入"营业成本"，而非"销售费用"。但本书站在管理会计的角度，由于运输费用在 E 企业归属于销售部门管控，因而仍放在销售费用中进行分析。

赛。这三场赛事活动有效提升了企业的品牌形象，扩大了企业的知名度。

在实务中，E企业发生的上述情形很典型，预实差异大，要么是预算编制得不准，要么是实际发生了未预料的情况。企业先有战略规划，再有年度经营计划，然后才根据经营计划编制预算。预算编不准，往往是预算和经营计划没有完全对应导致的。E企业销售部在一年的工作规划中有参加相关赛事活动的设想，但在编制预算时遗漏了，这在2022年的预算编制中要尽力避免。

包装运输费的差异主要是因为产生了大量的异常运费。

运输方面，由于大口径管道受运输半径的限制，其销售以生产基地周边市场为主，企业主要采用公路运输的方式，大口径产品运输半径一般在500千米以内。但2021年上半年发生了一些异常情况，导致运费超预算500余万元。

①调货造成的高昂运费：如江苏区域接的一些订单超过了当地的产能，只能从浙江生产基地调货；又如企业超预期接了江西新客户的订单，而在江西无生产基地，从最近的长沙基地调货，运费大幅增加。

②为保证准时交付产生的高昂运费：客户要求的交货期比2020年平均要短3天，企业的生产排程不够科学，很多急单插单，导致一些大客户的货物准时交付存在困难。企业为了准时交付，与物流公司紧急协商，产品发货采用多种运输方式，以最快的速度送达客户。

在实务中，产生异常运费的情况比较普遍。看上去只是运输的问题，但实际上是复杂性的系统问题。交付周期变短是市场经济发展的一个趋势，这要求企业提升生产排程的水平，改善工艺，加强跨部门协作。E企业的异常运费反映了未来需要改善的方向和重点。

促销到底怎么做

价格折扣是指对基本价格做出一定的让步，直接或间接降低价格，以扩大销量。其中价格折扣的形式除了前述信用管理政策中提及的现金折扣，还有数量折扣、季节折扣、销售返利和津贴等。

‹ **案例解析** ›

E 企业价格折扣促销

E 企业对渠道商给予销售返利政策。

原返利政策为：年度拿货 ≥ 1,200 万元，返点 5%。

原返利政策的激励不够及时，而且 5% 的年度返利比例对渠道商没有吸引力。

E 企业的营销管理人员参考了竞争对手的返利政策，并根据业绩达成各个时段的特点，提出了新的返利政策，获得了高管的批准。新的返利政策如下。

月度返利：渠道商月拿货 ≥ 100 万元，返点 1%。

季度返利：渠道商季度拿货 ≥ 500 万元，再返点 0.5%。

年度返利：渠道商年度拿货 ≥ 2,200 万元，再返点 0.5%。

假设渠道商万名（化名）2020 年的拿货及返利情况如表 5-9 所示。

表 5-9 渠道商万名的拿货及返利情况

金额单位：万元

项目	1月	2月	3月	4月	5月	6月	7月	8月	9月	10月	11月	12月	合计
拿货额	220	180	160	170	240	190	180	190	190	210	200	210	2,340
月度返点	1%	1%	1%	1%	1%	1%	1%	1%	1%	1%	1%	1%	12%
季度返点	—	—	0.5%	—	—	0.5%	—	—	0.5%	—	—	0.5%	2%
年度返点	—	—	—	—	—	—	—	—	—	—	—	0.5%	0.5%
合计													14.5%
返利额													339.3

在采取原返利政策时，渠道商万名积极性弱，2019 年的拿货金额为

1,100万元，无法享受返利；在新的返利政策的激励下，渠道商万名2020
年的拿货金额为2,340万元，享受返点14.5%，扣除返点后的销售额为
2,000.7万元，实现了刺激销售额增长的目标。虽然返点大幅提高，会增加
销售费用、降低利润，但E企业的战略重点是扩大销售额，因而管理层采
纳了新的返利政策。

　　E企业通过目标市场定价，倒逼内部进行成本改善；搭建信用政策体
系，加强应收账款的分析与管控；将销售所需资源进行更合理的配置等。
通过这一系列管理举措的落地，E企业提升了自身的核心竞争力，解除了有
可能被竞争对手逆袭的危机。在VUCA时代，只有"变"才能给企业带来勃
勃生机。

产品研发管理的经营
分析

➤ 从一个案例说起：

F 企业是一家生产定制化仪器的高新技术企业，年产值约 35 亿元。企业的产品从开发到退市一般为 5 年，有些产品为 8—10 年。

尽管近年来企业一直努力降低采购和生产成本，但企业的毛利率仍呈逐年下滑趋势。令销售总监非常困惑的是，接到项目订单的时候，毛利率水平达到了企业的要求，但之后为什么毛利率就下滑了呢？

另外，企业的研发费用逐年攀升，研发费用从占销售收入的 3% 上升至 4.7%，企业的研发人员越来越多，但研究专利成果并没有明显增加，产品的质量及口碑也没有显著提升。董事长感觉企业的研发费用管理失控了，但又说不出原因，无计可施。

像 F 企业这样的企业非常多。随着时代的发展和外部环境的变化，企业往科技化转型，研发投入也越来越多。F 企业遇到的困境是大多数企业都会遇到的，本章将就 F 企业遇到的问题进行深入的解析。

对该案例的延伸思考

只要一提到成本控制，很多人想到的就是本书第 3 章的采购成本管控、第 4 章的加强生产现场管理（降低物耗、提高生产效率）等，但往往忽略了一个问题，产品的研发和设计是采购、生产和销售的源头，产品的目标成本在设计阶段就已经基本成型。一旦产品完成研发，其目标材料成本、目标人工成本就已经基本确定，制造中心很难弥补设计时留下的不足。

如果企业在产品研发（设计）阶段不够重视成本，或者设计师在设计时不优先考虑成本要素，那么一般而言，产品的未来制造成本会高过市场

价格。本书第 5 章提及了目标成本（目标价格 – 目标利润 = 目标成本），
企业在产品研发（设计）阶段就需要管控目标成本和研发成本，设计师应
该使用目标成本来推动设计方案的改进工作。

全面管理：产品全生命周期的综合毛利率

产品生命周期（Product Life Cycle，PLC）是指产品要经历开发期、进入期、成长期、成熟期和衰退期，像人的生命周期一样。如果企业的产品生命周期很长，如 F 企业的产品生命周期为 8—10 年，那么对产品毛利的管理就需要贯穿产品全生命周期。

F 企业之前接订单时，都只计算产品产生销售收入第一年的毛利率，以此来判断这个产品订单是否值得接。这样的计算和决策过程有失偏颇，产生销售收入第一年的毛利率和全生命周期的综合毛利率可能相差较大，下面用案例进行解释和说明。

如何计算产品全生命周期综合毛利率

产品全生命周期的综合毛利率计算如表 6-1 所示。

表 6-1　产品全生命周期的综合毛利率计算

项目	进入期	成长期		成熟期		衰退期	合计
	2020 年	2021 年	2022 年	2023 年	2024 年	2025 年	
产量 Q	Q_1	Q_2	Q_3	Q_4	Q_5	Q_6	Q
销售单价 P	P_1	P_2	P_3	P_4	P_5	P_6	

项目	进入期	成长期		成熟期		衰退期	合计
	2020 年	2021 年	2022 年	2023 年	2024 年	2025 年	
销售收入 $A=P \times Q$	A_1	A_2	A_3	A_4	A_5	A_6	A
单位成本 C	C_1	C_2	C_3	C_4	C_5	C_6	
销售成本 $B=C \times Q$	B_1	B_2	B_3	B_4	B_5	B_6	B
毛利率 $D=$ $(A-B)/A$	D_1	D_2	D_3	D_4	D_5	D_6	D

从表 6-1 可知,产品全生命周期综合毛利计算涵盖产品从上市到退市全过程的销售收入和成本的计算。需要说明的事项如下。

由于产品开发期不产生销售,这个时候没有收入和成本,所以开发期不纳入毛利计算。开发期产生的研发费用会单独进行管控。值得注意的是,一些企业开发定制产品时往往会获得客户的研发补贴,企业实际需要承担的研发费用很少。

企业签订的产品订单中,会包含对产品全生命周期的总产量的预估,但一般不会承诺达到总产量,仅会承诺保底总产量,因而企业要根据历史数据和经验判断每年相对可靠的产量数。在实务中遇到的情形是,企业签订的产品销售框架协议中预计总产量是 40 万台,但实际在产品上市的第 3 年,行业格局出现了变化导致该产品的订单量锐减了近 50%,最终总产量仅为 22 万台。

签订长周期订单的产品,销售单价每年也会不同。其原因是,客户一般会要求销售价格年降,比如 2020 年销售单价为 5,000 元/台,客户要求单价年降 3%,即 2021 年的销售单价为 5,000×(1-3%)=4,850(元/台),2022 年的销售单价为 5,000×(1-3%)^2=4,704.5(元/台)。

单位成本每年也会不同,主要的原因是原材料价格每年会波动,人工成本呈每年上升趋势。

将每年的产量、销售单价、单位成本进行充分合理预估后,可以计算出每年的销售收入和销售成本，汇总后计算出全生命周期的销售总收入和销售总成本。全生命周期的综合毛利率＝（销售总收入－销售总成本）/销售总收入。

当然另一种计算方法的结果也是一致的，即可以分别计算出每年的毛利率，然后以每年产量占总产量的比重为权重，算出加权平均毛利率。

〈 案例解析 〉

F 企业新品的全生命周期综合毛利率

F 企业获得客户的新品订单，销售部拿到了新品的技术图纸、产量等信息。技术中心根据图纸预估了新品 BOM，财务部据此预估了新品的单位成本，销售部预估了新品的销售单价。

材料成本占总成本比例大概是 75%，人工成本占总成本的比例大概是 10%。材料成本预计年降 2%，人工成本预计每年上涨 5%，那么对成本的影响应该是 −2%×75%+5%×10%=−1%，因此成本每年年降 1%。由此计算出新品的全生命周期综合毛利率如表 6-2 所示。

表 6-2　F 企业新品报价全生命周期的综合毛利率计算

项目	进入期	成长期		成熟期		衰退期	合计
	2020 年	2021 年	2022 年	2023 年	2024 年	2025 年	
产量（万台）	1.0	1.5	2.0	2.0	1.2	0.5	8.2
销售单价（元／台）	1,000.0	970.0	940.9	912.7	885.3	858.7	—
销售收入（万元）	1,000.0	1,455.0	1,881.8	1,825.3	1,062.4	429.4	7,653.9
单位成本（元／台）	770.0	762.3	754.7	747.1	739.7	732.3	—
销售成本（万元）	770.0	1,143.5	1,509.4	1,494.3	887.6	366.1	6,170.8
毛利率	23.0%	21.4%	19.8%	18.1%	16.5%	14.7%	19.4%

新品的全生命周期综合毛利率为 19%，而进入期（产生销售收入的第一年）的毛利率为 23%，两者的毛利率相差 4%。

企业要求新品的毛利率不得低于 22%，过往 F 企业接订单的时候，按照进入期的毛利率（23%）进行判断，这样会导致企业实际利润不达预期。F 企业意识到这个问题，现在用全生命周期综合毛利率作为判定是否接单的标准。

要实现新品毛利率不低于 22% 的目标，企业有两种选择。

·提高销售单价。假设其他数据不变，按全生命周期毛利率 22% 倒算出，进入期产品单价应提升至 1,030 元，销售部可以据此与客户谈判。

·竞争激烈，为获取订单，销售部认为不宜提升单价，企业内部提出降本目标。假设其他数据不变，按全生命周期毛利率 22% 倒算出，进入期单位成本应降低至 745 元，内部可以发起降本活动。

用项目管理的方式控制毛利率

从上述案例可以看到，产品全生命周期的综合毛利率可以作为新品毛利率的管控目标，新品毛利率的实现则依赖每年毛利率的实现。

在实务中，可以按照项目成本管控的方式管控新品毛利。

按照项目的进度，将产品全生命周期划分为项目的几个阶段，每个阶段结束就进行阶段成本分析，找出毛利率的差异，推进内部的改善，促进目标毛利率的实现。

＜ 案例解析 ＞

F 企业新品全生命周期综合毛利率的管控

F 企业销售部与客户谈判，进入期的新品销售单价为 1,020 元 / 台；内部讨论制定了降本目标，进入期的新品单位成本为 760 元 / 台，新品在获取订单立项时，全生命周期综合毛利率是 22%。

F 企业将项目分为立项、研发、试制、量产四个阶段，要求按项目阶段对新品毛利进行管控。

新品于 2019 年 4 月立项，在 2020 年 2 月完成了研发，根据研发结束后产品的更新 BOM，进入期的单位成本为 775 元 / 台。销售部更新后的产量预测为，产量增加 0.6 万台。财务部计算的全生命周期综合毛利率如表 6-3 所示。

表 6-3 F 企业新品立项阶段与研发阶段的综合毛利率对比

项目	立项阶段	研发阶段	差异
产量（万台）	8.2	8.8	0.6
全生命周期销售收入（万元）	7,806.9	8,374.1	567.2
全生命周期销售成本（万元）	6,090.6	6,664.3	573.7
全生命周期综合毛利率	22.0%	20.0%	-2.0%

研发阶段的综合毛利率只有 20%，与目标毛利率相差 2%。这主要是单位成本上升导致的，目标的单位成本为 760 元 / 台，而实际为 775 元 / 台，相差 15 元 / 台。财务部组织了相关部门进行了分析，原因如下：

· 原材料采购价格比预期高，导致成本上升 9 元 / 台；

· 客户要求的设计图纸变更，导致成本上升 12 元 / 台；

· 内部进行了结构设计优化，导致成本下降 6 元 / 台。

就客户方导致的成本上升，销售部要求技术中心整理提供详细的资料。销售部与客户方及时沟通谈判，客户方同意将销售售价提升 12 元，即销售单价为 1,032 元 / 台。

重新计算全生命周期的综合毛利率，参见表 6-4。

表6-4 F 企业新品研发阶段谈判后计算的综合毛利率

项目	进入期	成长期		成熟期		衰退期	合计
	2020 年	2021 年	2022 年	2023 年	2024 年	2025 年	
产量（万台）	1.0	1.5	2.3	2.3	1.2	0.5	8.8
销售单价（元／台）	1,032.0	1,001.0	971.0	941.9	913.6	886.2	—
销售收入（万元）	1,032.0	1,501.5	2,233.3	2,166.4	1,096.3	443.1	8,472.6
成本单价（元／台）	775.0	767.3	759.6	752.0	744.5	737.0	—
销售成本（万元）	775.0	1,151.0	1,747.1	1,729.6	893.4	368.5	6,664.6
毛利率	25.0%	23.0%	22.0%	20.0%	19.0%	17.0%	21.0%

研发阶段结束后，通过成本和毛利分析，找到了综合毛利率相差 2% 的原因。市场部及时与客户谈判，提高了销售单价，这个改善措施使毛利率回升了 1%，参见表 6-5。

表6-5 F 企业新品全生命周期综合毛利率管控

项目	立项阶段	研发阶段	研发阶段谈判后更新
产量（万台）	8.2	8.8	8.8
全生命周期销售收入（万元）	7,806.9	8,374.1	8,472.6
全生命周期销售成本（万元）	6,090.6	6,664.3	6,664.6
全生命周期综合毛利率	22.0%	20.0%	21.0%

虽然设计图纸变更时，企业内部的流程规定，设计师必须通知财务部测算相应的成本变化，市场部根据财务部计算的成本变化与客户谈判，尽力说服客户接受设计图纸变更。而实际执行时，由于项目开发进度要求，设计师并没有通知财务部和市场部，就已经按照变更的要求完成了产品设计。如果 F 企业不进行项目阶段成本管控，财务部就很难发现成本和毛利的变化，就无法追溯图纸变更导致的设计增本，市场部也会失去和客户谈

判的最好时机，企业就会损失更多。当然 F 企业新品还是未能达到 22%
的毛利率目标，内部需要继续采取降本措施以应对原材料上涨对成本的
冲击。

上述过程看上去简单易懂，但实务中进行项目成本管控是非常复杂的
系统工程，主要是因为数据量庞大。如果手工计算，不但工作量大，费时
费力，而且容易出错。所以企业一般会引入或者开发项目成本管理的信息
系统，与新品开发设计系统相关联，该信息系统能读取产品的实时 BOM 信
息，自动更新产品的单位成本。企业产品越多，生命周期越长，对系统的
要求越高。

小小的螺丝钉也不可忽视：
研发阶段的产品成本管控

在很多企业常见的情形是，研发人员（设计师）往往会严格把关产品的性能、追求产品漂亮的外观，而忽视产品的成本。笔者在实务中询问一些企业的研发人员是否关注成本要素，得到的回答是他们不知道材料成本价格，有时候他们担心某些材料太贵或者没货，才会打电话询问采购人员，一般情况下就凭自己的经验选择材料。因此，这些企业的产品成本很难管控。

这跟研发人员的背景和习惯有一定的关系，比如有些研发人员以往在实验室工作，更重视部件的性能。本书第 4 章 BOM（物料清单）的内容中提到，研发人员的成本意识是需要企业不断强化的，并且企业要用适当的方式向研发人员开放成本数据（以不泄露企业的机密为前提），这样研发人员才可能在设计时就关注产品的成本要素。

有些企业向研发人员开放了材料的价格，要求研发人员设计时，在可以满足功能需求的同等条件下选择价格更便宜的材料。这样节约大量成本。常被忽视的还有产品的结构设计。结构设计也会对成本产生大的影响，如某企业在推出一款新品时，研发人员为了保证质量，用 6 颗螺钉进行固定，而后来研发中心拿到竞争对手的样品分析，发现竞争对手仅用了 3 颗螺钉。看上去只多了 3 颗螺钉，单个产品就差几毛钱而已，但实际上产品批量生产，3 颗螺钉会相应产生采购、仓储、装配等相关成本。**如果按照产品生命周期的产量计算，成本差异就在十几万元以上了，所以小小的螺钉也不**

可以被忽视，企业在产品结构设计上往往有很大的成本优化空间。而且竞争对手用 3 颗螺钉就可固定，其在产品结构的稳定性上还有可取之处，值得学习。

实务中很多研发人员的研发压力很重。在企业向科技化转型、产品迭代迅速的当今，研发人员面对的开发任务增多，开发周期缩短，面临巨大挑战，如同时负责 4 个项目的研发，产品研发周期从原先平均 9 个月缩减到 4.5 个月，导致研发人员认为快速实现最重要，成本问题可以退一步再说。这就把成本控制和研发进度放在了对立面，但其实二者可以同时满足。一些研发人员坚持认为"先完成功能之后再慢慢改，再慢慢降成本"，但现实中，"先功能再成本"基本上无降低成本的可能性。

如果研发人员做完的第一版设计方案没有功能缺陷，那么研发人员一般不会为了控制成本再去更改 BOM。一方面，研发人员身上压着不同的任务，这个产品开发完了，立刻有新的产品要跟进，在新的研发压力下，不可能花时间再去改原来已经送去生产、没有问题的产品；另一方面，重新修改 BOM 的成本较大，比如更改一个模组可能让每台新品降低成本 100 元，但重新制图要花 1 周的时间、验证实验要花 1 周的时间，还要消耗材料费用 500 元等，计算下来发现更改后是不划算的。因此在设计时就同步考虑成本，选择性价比最优的方案至关重要。

在对多个设计方案进行取舍时，如果不同的设计方案对应的产品成本差异较大，需要将目标成本作为方案取舍的标准之一。**很多企业本来有已经成型的设计方案，但在产品全生命周期毛利率管控中，随着一些因素的变化，企业面临的降本压力迫使企业不断进行设计方案优化以降至目标成本。这些降本经验可以固化下来，作为企业未来进行新品方案设计时的数据库，让研发人员站在前人的肩膀上借鉴成本最优的方案。**

〈 案例解析 〉

F 企业新品的设计方案优化

前述提到在研发阶段，企业内部进行了结构设计优化，使成本下降 6 元/台。但原材料价格上涨得更多，导致研发阶段谈判后更新的综合毛利率只有21%，仍然离目标毛利率有1%的差距。

F 企业针对新品召开了降本会议，在新品进入试制阶段之前，需要再对新品进行设计优化。新品降本会议上共提出了 6 项降本措施，合计使成本下降 4 元/台，主要涵盖以下三方面：

· 取消表面处理，该措施带来单位成本下降 1.5 元/台；

· 减少加工部位，该措施带来单位成本下降 1.5 元/台；

· 变更零部件尺寸，该措施带来单位成本下降 1 元/台。

F 企业经过实验验证降本措施可行后，按照新的产品 BOM 计算了综合毛利率，计算出的单位成本为 771 元/台，综合毛利率为 22%，达到了目标要求。F 企业建立了降本数据库，把每个降本措施的适用条件、验证过程、带来的经济效益都进行了详细的总结，并把优化后的 BOM 作为设计模板添加到设计师的设计平台上，要求设计师在今后设计类似新品时参考并应用。

需要提醒的是，实务中设计方案优化和降本措施的提出，比上述案例展示的要困难得多。一方面，很多企业的材料变更、结构优化、材料尺寸变化和重量减少等都需要经过客户方同意，当客户方知晓变更后，往往会要求共享降本收益，有可能企业降本了，但利润并没有明显提升。即使在这样的情况下，企业还是要努力降本，否则竞争对手持续降本，不断进行技术革新，企业会被逐步淘汰。另一方面，很多降本措施看上去可行，但经过试验验证，降本效果都不佳，企业需要不断尝试，有可能出现的情形是企业花了不少的试验费用，但最终没有获得收益。

在一些企业，降本已成为企业文化的优秀元素，有助于强化企业的成本意识、市场意识和竞争意识，切实的降本增效行动能够帮助企业提升竞争力，积极应对市场的挑战，获得更多的机会。

研发费用真的是无底洞吗

2020 年，华为的研发总费用为 1,419 亿元，占销售收入的比重达到 15.9%。华为 2016—2020 年销售收入及研发投入情况见表 6-6。华为高额的研发投入给自身带来了丰厚的回报，其销售额不断攀升。

表 6-6　华为 2016—2020 年销售收入及研发投入情况 [①]

金额单位：百万元

项目	2016 年	2017 年	2018 年	2019 年	2020 年
销售收入	521,574	603,621	721,202	858,833	891,368
研发费用	76,391	89,690	101,509	131,659	141,893
研发费用占收入比	14.6%	14.9%	14.1%	15.3%	15.9%

国内不少企业视华为为标杆，不断加大研发费用的投入。笔者服务过的一些上市企业，研发费用投入为几亿元到十几亿元。对于这样庞大的投入，企业当然希望可以有效管控，提高研发活动的产出。

常见的问题是：企业的研发中心如何从消耗研发费用的成本中心转变为打造企业产品竞争力、支撑企业长期获利的利润中心？如何对研发费用进行有效管控？

由于高新技术企业可以享受税收优惠，一般有大量研发费用投入的企

---

① 表中数据根据华为公开的年报信息做了整理。

业都申请成为高新技术企业。本身高新技术企业对研发费用的管理就有严格的规定，下面结合高新技术企业的要求，以及企业内部管理的需要，阐述研发费用的管控思路。需要简要说明的是，研发费用发生时计入"研发支出"科目，该科目核算企业进行研究与开发过程中发生的各项支出。研发费用有两种处理方法：**一种是费用化处理，不符合资本化条件的研发费计入当期管理费用；一种是资本化，即符合资本化条件的研发费计入相关无形资产。**因此，研发支出需要分"费用化支出"和"资本化支出"明细科目进行核算。研发费用不计入产品成本。

"R&D"中的"R"与"D"

研发（Research & Development）中的 R 和 D 是有区别的，所以对二者管控的重点不一样[①]。

R（Research）指的是技术开发：

·偏重于原理研究，强调技术的领先性和影响力；将不成熟的、未解决的技术转变为成熟技术；

·风险和周期相对不可预测，计划上可以按阶段顺延；

·管控的重点是缩短开发周期及降低开发的技术风险；

·一般放在企业层面管控，是企业层面应当承担的成本；企业主要以是否完成技术攻关、为核心产品提前提供成熟可靠的技术作为绩效衡量标准。

D（Development）指的是产品开发：

·偏重于技术成果的产品化，强调可批量、可重复使用和可复制的生产；

·在细分客户群的基础上定制开发产品，要准确、快速地以低成本满

---

① 周辉. 产品研发管理：构建世界一流的产品研发管理体系：2 版 [M]. 北京：电子工业出版社,2020.

足客户的要求；

· 管控重点是产品领先对手，获得产品收入和利润的增长；

· 可以考虑将研发中心作为利润中心管控，要求以较少的开发投入获取产品市场和财务上的成功。

这两者对资源要求和团队人员能力的要求都是截然不同的。技术开发经理要对技术的先进性负责，而产品经理（有的企业是项目经理）要对产品的市场业绩负责。这两者的管理目标不一致，放在一起管理可能产生混乱。

一些中小型企业可能只有产品开发，没有资金实力进行技术开发，因而研发费用管理没有突出的矛盾，加强研发费用的预算和内控流程的管控就能带来较大的改善成果。一些大型的企业特别是行业龙头企业，投入大量资金开发行业先进技术，但未能将技术开发团队和产品开发团队进行分离，用同样的方法进行管理和绩效评价，导致技术开发急功近利和产品开发不接地气，不仅没有增强反而损伤了企业的竞争力，这是值得反思的。

研发费用如何核算及分摊

企业进行研发费用的预算编制时，首先要设置科学合理的科目。企业应按照企业会计准则的规定，设置"研发支出——费用化支出（或资本化支出）"和"管理费用——研究开发费用"科目。其次，企业要根据研发投入的具体内容，设置明细科目，科目的设置应易于数据的归集和分析。常见的研发费用明细科目及内容如表6-7所示。

表6-7 常见的研发费用明细科目及内容

序号	科目名称	内容
1	人工支出	从事研发工作人员的工资薪金，包含基本工资、奖金、津贴等

续表

序号	科目名称	内容
2	材料、燃料和动力费用	从事研发活动直接消耗的材料、燃料和动力费用等
3	试验试制费	用于试验和产品试制的模具、样品、样机（不达固定资产标准的）及试制产品的检验费；用于研发活动仪器设备的维护费等
4	折旧费用	为研发活动购置的仪器和设备及在用建筑物的折旧费用
5	设备调试费	工装准备过程中研发活动产生的费用，如改变生产和质量控制程序等
6	试验外协费	委托大学、机构等进行研发活动所产生的费用（项目成果为企业所有，且与企业的主要经营业务紧密相关）
7	其他费用	包含技术图书资料费，研发保险费，资料翻译费，论证评审费，鉴定验收费，知识产权的申请费、注册费、代理费，会议费，差旅费，邮寄费，通信费等

如何准确划分和核算各项研发支出，是研发费用管控的基础工作。企业的研发支出要按照研发项目与费用类别来划分与核算，按研发项目、归属部门与费用类别进行归集。

在实务中的难点就是研发费用的分摊问题。当所发生的研发支出用于支持多项开发活动时，应按照一定的标准在各项开发活动之间分摊。

研发设备等涉及多个项目共用时，可以通过详细记录设备在各项目的使用时间来分摊研发费用。具体操作可参考以下方法：

·每月末由专人汇总本月的设备使用记录，编制研发设备使用表，详细写明研发设备的名称和编号、项目名称和编号、起始使用时间等内容；

·由相关岗位人员审核表单后交由财务部；

·财务部根据各项目使用研发设备的时间，将研发专用设备折旧费分摊至各项目。

难分摊的是人工支出。一名研发人员可能同时进行多个项目的开发工作，那么如何将研发人员的薪资支出在多个项目间分摊呢？很多企业想到的是类似设备折旧的分摊方法：

·每月末由专人编制研发项目人员分配表、研发项目工时表，写明研发人员姓名、项目名称和编号、项目组内岗位、参与项目起始时间等内容；

·由相关岗位人员审核表单后交由财务部；

·财务部根据研发人员参与项目的工时，将研发人员的薪资支出分摊至各项目。

但在实务中常见的情形是，研发工时通常填报不准确。与本书第4章标准人工工时制定时遇到的困境类似，研发人员在填报工时表时，凭记忆填写，有时就造成了低级的数据错误。相对有效的解决方案是开发工时系统，系统通过锁定录入时间（如每周五下班前必须完成本周工时的填报）、限制工时时长的数值区间（如一周总工时区间为30—90小时）、定时进行工时数据汇总分析、通报填写异常情况等措施提升工时填报的合理性和准确性。

研发工时的有效填写是非常重要的基础工作，不仅能使研发人员的薪酬支出在项目间进行合理分摊，而且能够帮助统计分析研发人员的工作饱和度和工作效率，便于对研发团队进行管理。

特别是申请研发费用加计扣除的高新技术企业，要注意区分可加计扣除的活动和不适用加计扣除的活动，如上面提到的产品开发，如果只是对现存产品、服务、技术、材料或工艺流程进行的简单重复或者改变就不能适用加计扣除政策。此外还需关注适用加计扣除的研发费用，是否存在应计入成本或其他费用项目的支出计入研发费用的情形。研发费用加计扣除影响所得税费用数计算是否正确，研发费用的支出金额是否与研发活动进展相匹配。这些基础问题都值得企业关注和认真对待。

研发费用的预算跟踪分析

高新技术企业一般对研发费用实施预算管理，对各研发项目按照预算进行跟踪分析。企业会在各研发项目立项前，按照明细科目进行研发费用的预算编制，并在项目计划任务书中列示。在研发的关键节点对研发实际支出与预算支出进行跟踪分析，查找差异原因，并就存在问题要求相关部门进行改善。

＜ 案例解析 ＞

F 企业新品研发费用的预算及滚动预测

F 企业新品于 2019 年 4 月立项，预计开发周期为 10 个月。新品的项目经理王飞（化名）牵头编制了新品的研发费用预算，经审批通过后的总预算金额为 605.6 万元，客户仅补贴 540 万元，因此 F 企业要求项目经理严格按照预算进行研发费用的管控。如果企业实际的研发费用高于预算，企业需要自行承担得更多。

在 2019 年 8 月，王飞对研发费用的预算情况和实际情况进行了对比分析，并且根据项目的实际进度对后续发生的费用进行了预估，情况如表 6-8 所示。

表 6-8　F 企业新品研发费用预算及滚动预测分析

金额单位：万元

项目	初始预算（A）	截至 2019 年 8 月实际支出（B）	预计后续发生支出（C）	滚动预测金额（D=B+C）	差异（E=D-A）
人工支出	72.6	31.8	37.8	69.6	-3.0
折旧费用	10.7	4.1	6.6	10.7	0
材料费	22.4	6.9	14.5	21.4	-1.0
试制费	38.6	27.9	0	27.9	-10.7
试验费	47.1	36.6	21.5	58.1	11.0
样件费	54.4	39.8	14.6	54.4	0
模具费	321.0	334.0	0	334.0	13.0
检具费	21.8	0	21.8	21.8	0
试验外协费	17.0	0	0	0	-17.0
合计	605.6	481.1	116.8	597.9	-7.7

从表 6-8 数据可见，根据项目实际费用的发生情况以及对后续发生费用的预估，项目研发费用滚动预测的金额为 597.9 万元，比初始预算要少 7.7 万元，研发费用暂无超支的风险。

差异金额较大的科目共有四项，试制费、试验费、模具费和试验外协费，王飞组织相关部门人员具体分析了差异原因。

·试制费差异主要是由于试制的实际合格率（85%）高于预期（80%），产生的损耗小。王飞认为后续新品的预算编制可以参考该合格率。

·试验费差异主要是由于新增了电子委外试验。王飞组织编制了新品所需的电子实验、强检试验等实验的次数和费用标准，以便未来的试验费科目预算可以编制得更为准确。

·模具费差异主要是由于外购了模具部件，比自制成本高。王飞组织财务部、采购部讨论了模具自制转外购可能发生的情形，并进行了总结，供后续新品预算编制时参考。

·试验外协费差异主要是由于实际未产生委外设计。王飞申请查阅了系统中有委外设计费的项目清单，发现当设计周期缩短、进度紧张时就会产生委外设计费，委外的成本一般很高。王飞请采购部提供了设计供应商的名单以及计价标准，并总结成文档以提醒后续新品预算编制时，尽量避免产生委外设计费的情形；如果必须发生委外，就参考委外的计价标准编制预算。

在项目经理王飞的持续跟踪分析下，企业于 2020 年 2 月完成了新品的研发，总共发生研发费用 578.8 万元，实现了研发费用的管控目标。

需要指出的是，**高新技术企业除了通过研发费用预算管控，一般也会同时建立完善的研发费用内控流程制度，对研发项目的立项管理、进度管理、成本管理、质量管理、项目验收、项目退出、研发成果保护、注册商标申报与维护管理等进行详细的规定，并通过内部审计、外部审计等手段强化执行，以保障研发活动开展与研发项目核算的有效性。**

经营分析结果的汇报
方法

➡ 从一个案例说起：

  G 集团是一家医疗行业集团，马凯和齐乐（均为化名）同时加入该集团财务部，分别负责不同业务板块的经营分析。半年后，两人在工作上的表现截然不同。

  马凯负责销售业务板块的经营分析。每个月 5 日召开的经营分析会，是他一道难以跨越的坎。

  ·会前焦虑紧张，难以抓住重点，好不容易拼凑出业务分析汇报文件，文件内容却散乱无序。

  ·会上汇报时整个人神经紧绷，只知道机械地宣读汇报内容，事无巨细却毫无重点，当业务部门质疑数据、总经理对分析结果提问时，总是一时语塞不知如何作答。整个经营分析会气氛压抑、毫无成效，甚至不欢而散。

  ·会后不免受到部门领导（财务总监）批评，灰心丧气。

  齐乐负责投资项目业务板块的经营分析。每个月 5 日召开的经营分析会，是他体现价值和获得收益的机会。

  ·会前积极沟通，聚焦主题，和业务部门确认数据和沟通细节，必要时及时请示领导，慎重对待并充分完成会前准备。

  ·会上汇报时有条不紊，汇报内容包括投资项目整体到局部现状、战略规划和运营效果分析、从收益预测和风险预估两方面来评估项目投资效果、上期会议提出的改善举措和本期执行情况的实地调查反馈……汇报时通过数据可视化清晰呈现现状，突出重点，反映数据背后的真相，汇报内容的环环相扣引起热烈讨论，引导与会人员提出改善建议。齐乐在会议过程中不仅能积极参与业务和战略讨论，还擅于敏锐观察，调节气氛，推动进展，不乏提出自己的独特看法，引来赞赏目光。

·会后多次获得部门领导（财务总监）的赞许和表扬，信心倍增。

工作一年后考评，马凯看似努力，但被评价为业务分析不得要领，对业务支持帮助不大。财务部门中，像马凯这般员工不在少数，他们往往工作很努力，却屡屡受挫，在遭遇打击时，容易沮丧、委屈，他们长期处于自我否定、自我批判之中，久而久之，内在动力不足，工作热情消失殆尽。这是企业管理者不想看到的。

反观齐乐获得的评价：清晰理解企业整体以及业务部门看待投资项目的不同立场，同时还能把专业意见用易于理解的方式清晰地呈现出来，分析过程中不乏自己的独特视角。齐乐出色的经营分析汇报能够为管理层的项目投资决策提供有力的参考依据，为业务层更有效运营项目提前做好项目风险管控，提供有效的工具和方法。这些都是企业管理者期待看到的。后来齐乐更被委以重任，陆续参与了企业重大投资项目分析，每次获得机会时他都全身心投入并认真学习，能力飞速提升，潜能不断激发，3 年后的他，已成为 G 集团 P&L 高级分析经理，连董事长都对他极为赏识，在业务层结构重大调整时，点名让齐乐参与，可见齐乐的职业发展之路越走越宽，未来可期。

两人同样做经营分析工作、进行经营分析汇报并组织经营分析会，都很努力，工作效果却截然不同，最终职业发展境遇也不同。经营分析结果汇报到底是一个麻烦，还是一个机会呢？

请思考以下问题。

·如果你是马凯，该如何尽快改善汇报方法，突破职业瓶颈呢？

·你能从齐乐身上学到哪些有效的汇报方法，令职业发展之路越走越顺呢？

·他俩工作的本质区别在哪里？汇报到底意味着什么？如何看待汇报

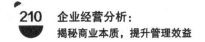

这件事？

　　需要注意的是，本章节涉及的 G 集团为案例中所指的某家集团；GPO 为 G 集团下设部门的名称，专门负责集团采购业务；GPO 项目特指集团的采购项目，GPO 项目针对的都是集团客户。

撰写经营分析报告要从
阅读者的视角出发

　　本书第 3 章至第 6 章着重介绍了不同业务的经营分析方法，经营分析
人员在此基础上得出经营分析结果，那么该如何把这些结果用有效的方式
呈现出来呢？

　　经营分析人员普遍认为，经营分析报告就是要指出业务存在的问题，
辅助管理层做出决策，促进业务部门改善，为企业创造价值。这是经营分
析人员的职责，也是经营分析报告的作用。然而，在实务中常听闻经营分
析人员明明按以上思路撰写报告，但会议效果不尽如人意，甚至还被业务
部门批评。经营分析人员不免委屈，自己明明倾注心力，也不乏有价值的
经营分析结果，一心支持业务发展，为何汇报不被认可、分析成果不被采
纳呢？

　　许多经营分析报告未能从业务和管理者的视角出发。

　　当业务部门和管理者听报告时，只有感觉报告的主题和自己想了解的
内容息息相关，他们才会认真倾听；只有报告中分析的观点和自己所思所
虑紧密贴合，他们才会激烈讨论；只有报告中列出的改善措施有理有据、
可以解决业务痛点，他们才会采取行动。只有这样的报告才是业务部门和
管理者真正期待看到的经营分析报告。经营分析人员应从管理者的视角出
发，理解业务，进行真实、准确、有效（可落地执行）的分析。

　　本节将运用四步法，并结合案例分析，来帮助经营分析人员快速理解
和掌握搭建经营分析汇报框架的方法。

·聚焦主题。

·调研分析。

·改善措施。

·风险挑战。

优秀的经营分析报告的框架是怎么诞生的

上文提到撰写经营分析报告要从管理者的视角出发，最终为管理者提供决策支持，为企业创造价值。明确了起点和终点能确保方向和目标不偏移，但中间过程该如何设计和把握呢？

马凯在做经营数据分析时，发现 2021 年第二季度利润相较于第一季度下滑了 18%，初步调查后发现以下影响利润的因素。

·集团今年要求提高覆盖率，销售人员出差费用和拜访费用上涨；

·今年多款新品替代旧产品，多次举办新产品的上市会，推广活动花费增大；

·集团今年要求减少分销，原二级经销商（非直辖市）直接从集团拿货，运费支出加大；

·为吸引新经销商，销售部制定了一系列新开户促销政策，导致价格下降；

·GPO 部门的集团采购项目竞争异常激烈，以致 G 集团为了赢单和后续续单，价格降幅较大；

·热销产品因没有足量库存而缺货，损失了这部分销售额；

·滞销产品因有效期临近，只能用价格折扣甩货；

·断货的产品在新货入库后，需要通过快递加急送给客户（保证客户满意度），运费支出加大；

·部分产品出现质量问题，质量部紧急召回，运费支出加大。

除以上 9 项主要影响利润的因素外，调查中还发现一些特殊申请，虽获得特批，但增加了费用支出。以上这些情况都导致利润下降，第三季度也并无信号显示利润能即刻扭转。

管理层高度关注财务报表中利润的下跌趋势，请笔者帮助马凯尽快准备经营分析报告，并召开经营分析会。马凯该如何撰写经营分析报告呢?

< 案例解析 >

经营分析报告如何做到聚焦主题

第一步，聚焦主题。

首先，笔者引导马凯先将这 9 项重要因素对利润造成的影响进行分析，令管理层能快速了解每项因素带来的影响。具体情况如表 7-1 所示。

表 7-1　G 集团 2021 年第二季度利润下滑的影响因素分析

项目	9 项重要因素	影响利润下滑的百分比
内容	GPO 部门的集团采购项目竞争异常激烈，以至于 G 集团为了赢单和后续续单，价格降幅较大	12.80%
	热销产品因没有足量库存而缺货，损失了这部分销售额	1.30%
	集团今年要求提高覆盖率，销售人员出差费用和拜访费用上涨	1.10%
	今年多款新品替代旧产品，多次举办新产品的上市会，推广活动花费增大	0.90%
	为吸引新经销商，销售部制定了一系列新开户促销政策，导致价格下降	0.70%
	滞销产品因有效期临近，只能用价格折扣甩货	0.40%
	集团今年要求减少分销，原二级经销商（非直辖市）直接从集团拿货，运费支出加大	0.30%
	断货的产品在新货入库后，需要通过快递加急送给客户（保证客户满意度），运费支出加大	0.30%
	部分产品出现质量问题，质量部紧急召回，运费支出加大	0.20%
	利润下滑合计	**18.00%**

从表 7-1 中可以看到 9 项因素导致利润不同程度的下滑，而 GPO 部门的集团采购项目中的降价因素导致的利润下滑尤为显著，其影响程度约为 71%（12.8%÷18%），需要进行重点专项分析。笔者建议马凯将其他差异项的分析放在之后小范围探讨，而在本次经营分析报告中将 GPO 部门的集团采购引起的降价作为重点。

然后，笔者帮助马凯分析了该因素的背景、冲突、疑问，找出了本次经营分析会的聚焦主题。

·**背景：**随着这几年医疗行业的高速发展，越来越多的资本进入医疗领域，这些大集团会在全国布点，新建、并购、投资医院，故 GPO 部门的集团采购业务的销售额在全国总销售额中的占比越来越大，集团管理层愈加重视。

·**冲突：**GPO 部门的集团采购显著的特点是采购项目标的大、压价低、付款条件苛刻、服务要求高。面对竞争激烈的市场，行业中真正能接触 GPO 部门业务的只有第一梯队的几家巨头，其他同行都虎视眈眈，力争拿下大单，所以每个项目最终价格都不高，利润越来越低。

·**疑问：**如何在价格之外，找到稳定和提升项目利润的方法？

·**回答：**跨部门协作，集思广益，找到差异化竞争的价值点，赋能 GPO 部门项目，从而避免价格战。

经过以上分析后，马凯将本次经营分析会的聚焦主题定义为：寻找差异化竞争的价值点来提升 GPO 项目利润。

马凯在笔者的建议下，把主题和原因分析同业务部门和管理层沟通时，引起了强烈共鸣，戳中当下业务部门和管理层的痛点，指出了使用价格手段对非集团业务的终端市场价产生的不利影响。马凯此次聚焦的主题可谓切中要害。

有些经营分析人员曾述说自己在做分析报告时，常被管理者批评报告内容太散太多，不聚焦主题；报告只提出问题，却未分析真实原因，无法找出解决方法。

这些反馈给了经营分析人员压力，也侧面反映出企业已经从以前粗放型管理走向精细化管理，企业要提升管理水平就得从务虚到务实，将管理措施真正落地执行。如今企业讲究效率，所有参会者的时间均是企业成本，为了在有限的时间内产生最大效益，需要在会前明确会议聚焦的主题。

经营分析人员聚焦主题时经常会有以下几方面的偏向性。

被动选择和主动选择。

有的人员会偏向被动选择，有的人员会偏向主动选择。被动选择中，人员会听从管理者的指令，好处是与管理者要求的方向无偏差；不足是经营分析人员缺乏主动性思考，或是不敢提出自己的观点。而主动选择的经营分析人员保持独立思考，敢于提出自己的专业建议；

外部因素和内部因素。

有的人员更重视外部因素，如政策变化、经济趋势、行业动态、市场竞争分析等；另外一些人员更重视企业内部自身因素，如销售指标达成、成本控制、费用管理、利润变化等；

自上而下和自下而上。

自上而下倾向从战略方向出发，发现在向下贯彻企业制定的战术举措过程中存在的问题；自下而上倾向于扎根基层，从细节发现企业管理存在的问题。

以上几种思考方向并不存在绝对的好坏与对错，如果能综合考虑则更好。

·既要考虑管理层的要求，也要适当提出自己的观点，在被动和主动之间寻求平衡；

·既要考虑外部因素也要考虑内部因素，从紧急性和重要影响程度方面来判断和选择；

·既要关注管理层的要求，也要倾听基层部门的声音，促成上下达成共识为最佳。

此外，再补充以下两点。

·经营分析还需灵活。经营分析是动态的，一旦发现某一重要因素突变，重要性和紧急性影响程度提高，经营分析需要马上调转方向，更换聚焦的主题，迅速应变。

·经营分析讲究时机。某主题可能属于敏感主题，或者时机并不成熟，未必真正适合在当下讨论。随着经营分析在企业管理中愈发重要，经营分析的聚焦点会成为企业关注的风向标，所以可以事先和领导层确认主题。

接下来要进行第二步，调研分析。

如何进行调研分析

首先，马凯在笔者的指导下进行了调研规划，参见表 7-2（展示部分内容）。

表 7-2　G 集团 2021 年对 GPO 部门的集团采购进行的主题调研计划

项目	规划	关于 GPO 部门的集团采购	采访量	进度安排
内容	目标对象	（销售人员）对销售量最高和丢单率高的销售人员进行访谈	5 人	第一周
		（客户）对 GPO 部门的集团采购销售额最高的客户进行实地拜访和访谈	3 家	第二周
		（同行）对行业中，以及对 GPO 部门的集团采购有类似经验的同业人员进行访谈	2 人	第一周
	历史数据分析	复购客户占比和复购原因分析 二次购买中丢失客户占比，以及丢失原因分析	—	第一周
	探访信息	GPO 部门的集团采购的整体操作流程（画出流程图）	—	第三周资料整理完毕
		哪些是 GPO 部门的集团采购的重要影响因素，及各因素占比（饼图）	—	
		成功经验和失败经验分享（列表）		
	开放式问题	如果要用差异化竞争的价值点赋能 GPO 项目，你有哪些想法	10 人	

马凯在三周内如期完成上述调研，并整理完收集的调研信息。值得肯定的是，马凯在调研过程中，运用了提出问题—收集证据—评估证据—得

出结论等四个步骤，通过提问和倾听，收集信息，找到信息之间的关联，得出结论，再验证结论，保持了思考的独立性。更值得称赞的是，马凯在走访一线的过程中，深入理解了业务，开拓了自己的业务思维。

有些经营分析人员曾述说自己在做分析报告时，常被业务部门批评分析不准确和分析太片面。

这些反馈给了经营分析人员压力，也真实反映出经营分析不仅要分析数据，还要找到数据差异背后的原因。经营分析人员可通过实地调研、人员访谈、外部走访三种方式，立足于业务具体场景，收集信息，找到关键要素。

这里介绍几点个人经验：

·提前做好调研的规划和准备，则事半功倍；

·实地调研时遇到好的样例，归纳其成功原因，并考虑将成功经验推广给企业其他部门学习；

·访谈前坦诚说明访谈的目的和目标，取得被访人信任后，才有可能获得真正有价值的信息，获得好的访谈效果；访谈过程中倾听别人的观点，尊重不同的意见，但保持自己的独立思考和批判性思维；

·实地调研的同时，其实也在与同事互动，有利于增强彼此的信任，为将来工作合作做铺垫；

·平时有意识地积累人脉，才能在关键时刻找到更多的内外部渠道。

特别想强调的是，调研过程中，经营分析人员的自我状态很重要，要始终保持真诚开放的态度，耐心细致地接收信息；要始终保持客观中立的立场，避免主观判断；要始终保持包容和同理心，遇到对方有情绪时不指责。经营分析人员不要认为自己是评判者，而要认为自己是倾听者，多倾听对方关于聚焦主题的想法。

建议经营分析人员怀着好奇心，探究对方的真正感受：怎么想的？怎么做的？遇到过哪些困难？主观原因和客观原因分别有哪些？如果可以再做一些改变，有哪些可能性？

当经营分析人员成为倾听者时，就能问出有价值的问题，往往会有意想不到的发现和收获。

接下来进行第三步，提出改善措施。

如何提出改善措施

马凯经过调研和差异分析后发现，品牌、型号、价格、服务和项目谈判能力，均是影响 GPO 部门的集团采购的关键因素。马凯获得了许多宝贵的建议，并整理出一系列完整的改善措施，参见表 7-3（展示部分内容）。

表 7-3　G 集团 2021 年第二季度利润影响因素的改善措施

项目	现状分析	改善措施
品牌	集团已属于行业第一梯队，但客户并不十分清楚行业具体情况	加强自身优势的宣传力度，突出独特优势
型号	十分齐全，但客户认知模糊，并不清楚具体型号的分类特点，以及和竞品的区别	重新制作产品介绍彩页、宣传片、公众号文章
价格	竞争激烈时，前线销售不断和总部确认是否可以再降价，有时因总部未能及时回复而丢标	设计财务模型，可支持快速测算报价
服务	不具有吸引力，虽然客户觉得销售所说的服务不错，但对能否实现存在疑虑	设计具有吸引力的服务项目及具体的方案，并从老客户处收集素材证明，如：集团客户人员培训的技术支持和学术联谊活动
项目谈判能力	各地销售人员水平参差不齐，项目把控能力普遍不高	成立 GPO 项目的独立销售团队，培养精锐人才以提升项目谈判能力
总结	**成立专业精锐团队，丰富销售工具包，加大可控范围内的授权，提供高价值服务以增强吸引力**	

由于改善措施涉及不同部门，马凯继续访问相关人员，听取他们的意见，比如有些举措不容易落地，有些举措成本偏高，有些员工还提出了更好的措施，故马凯根据不同部门意见再次优化了改善措施。

马凯在主动沟通中还发现，大部分被访人员并不排斥，反而非常乐于说出自己的想法。当然也不乏有一些人员有负面情绪的流露，马凯都会用积极正向的语言化解，使对方感受到诚意，重拾信心一起去面对困难，合作解决。

有些经营分析人员曾述说自己在提出改善措施时，遭到业务部门反驳，如太理想化了，实际不可能做得到！太复杂了，这不仅没有简化，反而会加重工作量！

这些反馈给了经营分析人员压力，也真实反映出经营分析人员要站在对方的角度出发，制定出合理的改善措施，才有可能被接纳并真正落地执行措施，否则仅能做到纸面上的流程优化。

经营分析人员在制定改善措施时，要综合考虑上下需求，达成共识。制定改善措施的真正目的是服务业务部门有效解决问题，为管理层做出决策提供支持，为企业创造价值。

建议经营分析人员在拟完改善措施时，再验证其是否真正有效：

- ·从企业战略和管理层角度出发，思考改善措施一致性和成本控制；
- ·继续从调研和人员访谈中，检验改善措施的被接纳程度和可操作性；
- ·进一步思考，改善措施可能会带来的新问题，预测风险和机会。

有些经营分析人员制定改善措施时，更倾向于听从管理层或业务部的意见，他们认为，这样至少保证不出错，提的建议会被采纳，后续更容易执行。但实际上，管理层或业务部的意见带有他们的个人主观色彩，提出的措施不一定有效。

建议经营分析人员保持自己的独立思考和判断，从财务角度或自身独特视角出发，提出自己的看法和建议，以体现经营分析人员的真正价值。

接下来进行第四步，应对风险挑战。

如何应对风险挑战

笔者建议马凯在改善举措的基础上，继续思考更多风险因素，马凯又准备了表 7-4（展示部分内容）。

表 7-4　G 集团 2021 年第二季度利润改善时的风险挑战

项目	下一步具体行动方案	存在的关键风险及应对挑战的方法	协同举措
内容	成立专业精锐团队	团队内部未能找到合适人选，则向外招聘	人事部用"人才盘点"进行选拔，迅速组建一个精锐团队，由销售总经理亲自带领，培养项目管理能力
	丰富销售工具包：企业宣传、产品宣传	销售工具包的质量得不到保证，需要邀请外部专家顾问把关	由市场部指定专人负责，寻找合适的供应商，提供工具包
	加大可控范围内的授权	授权不当，造成无序的管理和更大的损失，需要选择部分销售人员进行测试	由财务部专人负责，设计财务模型，可支持快速计算报价毛利率影响、投入产出比变化等
	提供高价值服务以提升吸引力	服务品质和价值得不到认可，需要邀请外部专家顾问把关	由市场部、培训部、技术部组成专家组，寻找合适的供应商，设计出最优方案
最终期望收益	人才、工具、财务、产品和服务的全面升级，在 GPO 部门的集团采购项目上，增加赢单率，同时守住价格，用品牌、质量和高价值打动客户群		

马凯认识到，通过进一步考虑风险和挑战，增强了大家在执行改善措施过程中的信心和决心。

有些经营分析人员汇报完了，改善措施也被认可，就理所当然地认为问题被解决了。然而，许多改善措施设计得很好，但最后半途而废、无疾而终，甚是可惜，当然也就没能发挥出经营分析的真正价值。

将风险挑战作为四步法的最后一步，以强调它的重要性。建议在改善措施的基础上增加以下三方面思考。

· 下一步贯彻执行的具体方案是什么？

· 预估在执行中可能遇到的阻碍，以及如何应对阻碍？

·改善措施一旦被有效落实，将获得的收益是什么？

风险和挑战不仅存在事的层面，还有人的层面。知易行难，人会趋利避害，人也需要被赋能、被鼓励。经营分析人员要善于规划出清晰的行动路径图，使得业务部门有章可循；要提示可能的阻碍和风险，提醒业务部门做好准备；要描绘出业务痛点被真正解决时可能获得的收益，促进业务部门有更大的动力去执行改善措施，去面对接下来要做出的改变。

只有做到这些，才能帮助管理层知道从起点到终点该如何执行改善措施和使其落地。

根据四步法撰写经营分析报告的框架，实则是思考经营分析的整体脉络，以及在经营分析上所需要做出的改善。从思考到行动，汇报表达也就自然流畅。

让汇报更高效的经营分析报告模板

有些经营分析人员曾述说自己辛苦做完报告，业务部门在听汇报时，却给了他们以下非常消极的反馈。

这一堆文字，看得头晕，想说的重点是什么？

流程图这么复杂，没看懂！

为什么得出这个结论，没理解！

这些反馈给了经营分析人员压力，也真实反映出经营分析人员在专业报告写作上还有很大的提升空间。经营分析人员容易陷入三大误区：

·认为只有报告美观，对方才能认真读，因而把时间精力花费在 PPT 的美化上；

·担心对方无法理解，故每页 PPT 承载大量内容，页数繁多；

·认为汇报内容多，才能代表自己付出多，因此内容多而全。

解决方法就是明确撰写经营分析报告的目标。有的经营分析人员罗列很多内容，因为把目标设定为创造价值，但这种目标设定太宽泛，创造价值是经营分析的长期目标，而经营分析报告仅仅是创造价值的过程和方法之一。更准确的目标定义应该是：**帮助业务和管理者快速理解，激发讨论，一起找到业务改善的机会点。**

经营分析报告要言简意赅，**建议控制在一定页数范围内（根据业务复杂程度），每页 PPT 内容做到一目了然，用词精准，尽量避免使用财务专业词汇（如需要则注释），用对方能理解的语言表达。**

经营分析报告可呈现为总分总的结构，按上节提到的四步法依次递进。以下是建议的主要框架内容和每一步包含的思考（见表 7-5）。经营分析人员可以此为参考，并在此基础上灵活创新。

表 7-5　经营分析报告总分总框架

项目	结构	四步法	主要框架内容	自我思考点
内容	开篇	聚焦主题	分析背景和目的思路可以分成背景、冲突、疑问、回答四部分	包含： 为什么要开展此次分析 通过此次分析要解决什么问题 要达到什么目的 计划如何开展此次分析 主要通过哪几方面开展分析
	正文	调研分析	调研过程和结果分析	包含： 调研设计思路 调研过程中的重点发现 特殊细节记录
	结尾	改善措施	结论和建议	包含： 可以得出什么客观清晰的结论 针对结论给出什么建议 建议是否可以执行
	补充	风险挑战	下一步具体行动方案可能风险、应对措施和解决后可获得的收益	包含： 建议可能会引出的新问题 执行时可能遇到的阻碍 有哪些有利因素 如何赋能各部门

在实务中经典分析工具的实用性很高，推荐按需使用，方便更好地撰写经营分析报告，比如鱼骨图、平衡计分卡、SWOT 分析、PEST 分析、甘特图、流程图、思维导图、紧急重要四象限图等。具体分析工具的内容可在搜索网站上查询。

总而言之，经营分析报告模板不限、格式不限，关键是报告能聚焦主题、分析透彻、深度洞察、表达得当和给出有效举措。经营分析人员要始终具有全局观念，从管理者的角度思考和分析，从业务部门的痛点和机会入手，真实客观地制定经营分析报告，为企业保驾护航。

集思广益：召开经营分析会

【**案例回放1**】马凯上一次召开销售经营分析会，汇报内容如下。

2021年第二季度，销售指标勉强完成，但利润逐月降低，费用超标，投入产出比降幅明显……

经营分析会气氛紧张，个个表情凝重，总经理眉头紧蹙，经营分析团队面色凝重，销售团队火冒三丈。

销售团队觉得市场环境不好，竞争激烈，销售不好做，但他们用尽方法加大促销，开发新客户，努力把上半年的销售指标完成了。他们原本意气风发，听完经营分析报告，心情顿时阴郁起来，黑着脸，简直就想要撂摊子了："你们财务这么会分析，下半年的指标，干脆你们去完成得了！"

气氛降到冰点……

会议效果： 业财对立，不欢而散。

【**案例回放2**】马凯应总经理的要求在分析查找原因后，再次召开了销售经营分析会，汇报内容如下。

2021年第二季度，通过销售团队的努力，完成了销售指标，关于利润降低，经过调查和分析后，列出9项主要原因（前文已提及）。原因如下：

· 集团今年要求提高覆盖率，销售人员出差费用和拜访费用上涨；

· 今年多款新品替代旧产品，多次举办新产品的上市会，推广活动花费加大；

· 集团今年要求减少分销，原二级经销商（非直辖市）直接从集团拿货，运费支出加大；

·为吸引新经销商，销售部制定了一系列新开户促销政策，导致价格下降；

·GPO 部门的集团采购项目竞争异常激烈，以至于 G 集团为了赢单和后续续单，价格降幅较大；

·热销产品因没有足量库存而缺货，损失了这部分销售额；

·滞销产品因有效期临近，只能用价格折扣甩货；

·断货的产品在新货入库后，需要通过快递加急送给客户（保证客户满意度），运费支出加大；

·部分产品出现质量问题，质量部紧急召回，运费支出加大。

销售团队听完，顿时觉得这些都是客观原因，利润降低跟销售团队没关系。总经理却十分纳闷，销售没问题，经营分析也没问题，利润下降趋势却真实发生，第三季度也并无信号显示利润能即刻扭转。

会议效果：找到了原因，但不知道改进方向。

【**案例回放 3**】总经理没有良策，邀请外部咨询公司，经过笔者辅导，马凯重新召开经营分析会。

马凯把思考的聚焦主题（寻找差异化竞争的价值点来提升 GPO 项目利润）和原因分析同业务部门和管理层沟通时，引起了强烈共鸣。他根据业务部门意见优化了改善措施，并进一步考虑风险和挑战，通过会议跟大家不断达成共识，增强了大家的信心和决心。

会议效果：达成共识，齐心改善。

通过上述三场会议对比，可见不同效果的经营分析会给企业带来全然不同的价值。经营分析，表面是数字，下面一层是事情，再下面一层是人，所以经营分析会，重视事，更要重视人。本节分别从事情的角度和人的角度出发，分会前、会中、会后三个阶段，讨论如何充分准备好和开好经营分析会。

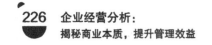

什么才是好的会前准备

过去马凯和齐乐的会前准备是完全不一样的。

马凯的会前准备： 经营会前神经紧绷，加班熬夜，全力准备；力求第一时间拿到经营分析数据，进行数据清洗、筛查、抽取、分析、制图表，形成 PPT，再花时间美化。没有把握在经营会上表现出色。

齐乐的会前准备： 经营会前有条不紊，出差、调研、找关键人员沟通，收集信息梳理，继而准备好报告，预演和再次查验，思考可能遇到的各种情况。

＜ 案例解析 ＞

如何做经营分析会的会前准备

通过以上两人截然不同的状态可以看出：马凯高度紧张地埋头于自己的经营分析报告中；而齐乐注重与人沟通，倾听对方对于主题和内容的看法，不放松准备，不求临场发挥，预演汇报内容，设想对方对分析结果可能提出的问题，在会议前就做好充分准备。可见，齐乐除了重视关注事，更重视关注人，在意对方看问题的视角、感受和想法。

齐乐的成功经验如下：

· 汇报前的必要沟通；

· 预想各种情况和应对方案。

可见，齐乐更倾向于在会前做充分准备，并完成以下五个步骤：

· 初步数据分析和调研后，设计出经营分析报告的思路框架；

· 期间和关键人员确认主题和内容，倾听对方的想法和需求；

· 完善整个经营分析报告，精炼内容；

· 汇报前预演，再次查验（从对方视角思考）；

· 考虑会上可能发生的各种情况，以及准备应对方案。

为什么要重视会前沟通？经营分析人员需要认清自己的角色是支持者，

如果想在会上证明自己的本领，或完全不顾及对方的感受，就如前面案例中不欢而散的场景，不仅会议没有成果，而且伤害士气。

如果提前和相关人员沟通重点议题和主张，那么在开会时，对方已有心理准备，到时候可以充分交流讨论，提高会议效率。汇报前主动沟通，既尊重对方，又避免踩雷。

会前还要从倾听者角度再次审视自己的汇报内容，是否从管理层视角出发，是否考虑业务部门的感受，所呈现的观点和内容是否客观务实，对方是否会质疑，若质疑如何解答。这些准备工作都做好后，就更有可能开好经营分析会。

经营分析会的会上决策

过去马凯和齐乐的会上表现也是完全不一样的。

马凯看重自己汇报经营分析报告的表现，力求不出错，能被肯定则最好。但整个会议的气氛压抑。

齐乐全力关注会上的讨论节奏和进展，有效控场，统筹全局，最后顺利促进达成决策共识，共创价值。

〈 案例解析 〉

如何做好经营分析会的会上决策

经营分析人员通常在会议中更在意自己的表现，还是更在意经营分析会的目标？笔者接触的不少分析人员对自己的角色定位为：前半程是汇报讲述者，想着自己的表现；后半程是观察者，想着自己的安全。

假如经营分析人员对自己的角色重新定义，如组织者、支持者、促动者和整合者，其在会上的作用就会大为不同，有助于在经营分析报告的基础上，带领大家一起展开积极讨论，推动决策，做出对企业最有利的选择。

作为经营分析人员，自身的状态稳定很重要，保持客观中立、头脑清晰、逻辑缜密，往往能保证会议的方向不偏离，进程紧凑，最后也能取得期待的会议效果。经营分析人员可以有意识地地逐步培养自己的控场能力、有效表达能力和灵活应变能力。

经营分析会的会后跟踪

经过咨询公司的指导后，马凯第三次组织的销售经营分析会取得了很好的效果。会上形成了一系列建议和举措。接下来，马凯就去忙别的事情了。

齐乐则总结了此次会议上达成的共识，明确下一步工作的具体分工，责任落实到人；还把会议纪要和跟进计划通过邮件的方式抄送给所有相关人员，并设置提醒——如果对于会议结果有异议，请在规定时间内提出来；在会后跟进中出现新问题时，他继续协同相关人员解决问题。

＜ 案例解析 ＞

如何做好经营分析会的会后跟踪

不少经营分析人员会认为：经营分析的职责是发现业务问题，分析原因，找出改善点，帮助管理者做出决策，形成改善措施方案。言下之意，会后的改善措施是业务部门或其他部门的事情，非经营分析职责。

但假如经营分析人员尝试多做一些事情，可能会收获意想不到的效果。

· 跟踪验证。通过跟踪来检验之前的想法在落实时是否真正有效。

· 循序渐进。如果改善措施落地时出现新的问题，则再次进入调研、会前准备、会上讨论的流程，直至找到真正新的有效改善措施。在这个过程中经营分析人员会更洞悉业务，磨炼心性。

· 凝心聚力。真正和业务团队在一起，将改善措施落地后，见证经营分析结果真正推动业务发展。

需要鼓励经营分析人员的是，所有的付出，最终都能被看到和感受到。

经营分析会，不仅要注重事的层面，更要注重人的方面。同时，良好的心态和决心是克服困难的制胜法宝。当能做到这两点时，经营分析人员已经为自己成为一名高阶管理人员奠定了坚实的基础。

让改善措施持续落地

本节我们将继续探讨以下三个问题。

· 如何实现经营分析改善措施的闭环？

· 如何提升经营分析改善措施的效果？

· 如何总结实施经营分析改善措施后的经验？

即：如何做到？如何做好？如何总结？

关于跟踪改善的闭环，不得不提到企业中常见的经典工具 PDCA。

在实务中，尽管 PDCA 简单、有效、实用，但能真正用好的企业并不多见。网络上流传一个新 PDCA 的解释[①]，侧面反映了大企业病，如表7-6所示。

表7-6　新旧PDCA

项目	原 PDCA		新 PDCA	
内容	Plan	计划	Plan	计划
	Do	实施	Delay	延期
	Check	检查	Cancel	取消
	Act	行动	Apologize	道歉

通过对比可见，经营分析改善举措只是开始，即计划，没有接下来的实施、检查、行动，则改善措施只能留在建议层面，无法落地，看不到真正的效果。再好的计划如不实施，也没有价值。

---

① 下一个时代 . NEW PDCA[EB/OL].[2019-11-28].

● **知识拓展**

PDCA 流程定义

P（计划）阶段：掌握现状、确定目标、识别问题；分析问题产生的根本原因，针对问题的根本原因，确定改进的对策并形成改进计划，做什么、谁负责、何时实施或完成。（问题定义：现状与目标之间的差距）。

D（实施）阶段：按计划实施确定的对策。

C（检查）阶段：检查计划执行的情况并确认所获得的结果。

A（行动）阶段：经过检查后，总结计划的实施状况，并采取适当的行动。当实现目标时，则对计划中所确定的对策进行标准化（Standardize），进入下一个控制循环；如果未实现目标，进入下一个改善循环——新一轮 PDCA。

如何实现经营分析改善措施的闭环

2021 年第二季度销售经营分析会结束时，管理层要求马凯跟踪经营分析改善措施。

< **案例解析** >

如何实现经营分析改善措施的闭环

一个月后，马凯觉得该做的都已按计划完成（表 7-7），改善措施得到了落实，充满信心地再次向管理层和咨询顾问汇报。

表 7-7　2021 年第二季度经营分析报告改善措施的跟进情况

项目	下一步具体方案	协同改善举措	跟进实施
内容	成立专业精锐团队	人事部用"人才盘点"进行选拔，迅速组织出一个精锐团队，由销售总经理亲自带领，培养项目管理能力	成立了 GPO 部门的集团采购精锐团队（10 人）；请外部培训老师进行了一场项目管理培训（3 天）
	丰富销售工具包：企业宣传、产品宣传	由市场部指定专人负责，寻找合适的供应商，提供工具包	市场部找到了一家供应商提供宣传工具包
	加大可控范围内的授权	由财务部专人负责，设计财务模型，可支持快速计算报价毛利率影响、投入产出比变化等	财务部设计出一个财务模型，可支持项目快速计算投入产出比，并设定标准，集团授权销售团队做现场决策
	提供高价值服务以提升吸引力	由市场部、培训部、技术部组成专家组，寻找合适的供应商，设计出最优方案	市场部、培训部、技术部组成专家组（3 人），设计出未来可以为 GPO 部门客户提供高价值服务的详细方案，聘请一家供应商设计方案展现内容，令客户看完有直观认识

听完马凯的汇报，管理者又提出问题："当初提出改善措施的目的是什么？"马凯答道："当时通过数据分析发现利润降低，找到主要的原因是 GPO 部门的集团采购的利润降低，进而发现 GPO 项目处于激烈的竞争中，所以要找到新的价值点，用差异化竞争来赢取 GPO 项目，才能保住价格、保住利润。然后我们在经营分析会上确定了 4 项改善措施，并在会后进行落实。"

管理者继续提问："那么你觉得达到预期效果了吗？"马凯又答道："当时仅想着用 1 个月的时间去实施 4 项改善措施，但没考虑检查效果，这 4 项改善措施能否真正实现用差异化竞争优势赢取 GPO 部门的集团采购项目，并保住甚至提升利润，还得继续跟踪下去。"

在实务中，一些企业重视会后的计划落实，会迅速组织团队开会，建立新的流程制度，或者修改现有的流程制度，发布新的工作要求等，行动力很强。但遗憾的是，企业只重视行动，并不在意效果，行动完便无后续动作，直到新的问题又冒出来，才发现，当初的改善措施，仅仅完成了实施这一步，至于措施是否真正有效却没有在意和检验。

所以要实现经营改善措施的真正闭环，经营分析人员不仅要利用自己的专业优势形成改进计划，跟踪实施，还要利用工具去检验，分析执行的结果是否达到预期效果，这才算真正完成 PDCA。

如何提升经营分析改善措施的效果

〈 案例解析 〉

如何提升经营分析改善措施的效果

马凯跟踪完 4 项改善措施的实施，继而跟踪改善措施的效果。又经过了 3 个月，马凯对实施效果进行评估（表 7-8）。

表 7-8　2021 年第二季度改善措施的实施成果

项目	跟进实施	检查和行动	最终成果
内容	成立了 GPO 部门的集团采购精锐团队（10 人），请外部培训老师进行了一场项目管理培训（3 天）	跟踪每个 GPO 部门的集团采购项目、项目负责人的项目管理执行能力	GPO 部门的集团采购项目从原来的赢单率 20% 提升到了 50%
	市场部找到了一家供应商，提供宣传工具包	市场部负责收集新的宣传工具包、销售人员的满意度调查表、客户的反馈意见	收集销售人员和客户的反馈后，立即进行了工具包升级，再次调研后，满意度达到 99%

项目	跟进实施	检查和行动	最终成果
内容	财务部设计出一个财务模型，可支持项目快速计算投入产出比，并设定标准，集团授权销售团队做现场决策	财务部设计财务模型；给销售团队进行了一次培训，并收集反馈意见；跟踪每个 GPO 部门的集团采购项目、项目负责人的使用情况	GPO 部门的集团采购项目的财务模型使用率达到 100%，结合用后反馈意见，进行了模型升级，新的满意度是 100%
	市场部、培训部、技术部组成专家组（3人），设计出未来可以为 GPO 部门的集团客户提供高价值服务的详细方案，聘请一家供应商设计方案展现内容，令客户看完有直观认识	为 GPO 部门的集团客户提供高价值服务的新方案，收集销售人员的满意度调查表、客户的反馈意见	收集销售人员和客户的反馈后，满意度达到 99%，反馈意见均为十分满意，故不再修改

在实务中，经营分析人员一方面会疏忽改善措施的检验和成果的确认，另一方面在检查相关部门的落实情况和成果质量时，不敢提出要求。

经营分析人员往往采取回避态度，不够重视改善措施的检验和成果的确认。

有时候，一些经营分析人员不敢直接向业务部门提要求，于是向管理层汇报，期待让管理层去指挥业务部门落实改善措施。这种做法会加重管理层的负担，无法提升自身能力和体现自身价值。

建议经营分析人员换位思考，不把自己放在业务的对立面，用检查员、监察员、监督员的身份去定义自己，即以支持者、协同者、智囊的身份去帮助业务部门。

经营分析人员应站在对方的角度思考，持续支持业务部门。比如，关注改善措施实施的情况，关注遇到的问题，一同解决，共同关注实施的效果，思考怎样可以做得更好。总而言之，经营分析人员只有运用集体的力量和智慧，才能使经营分析的改善措施效果达到最佳程度。

实施经营分析改善措施后的经验总结

马凯持续跟踪改善措施的实施和效果，经过一年后，GPO 部门的集团采购业务产生了非常积极的变化。

· GPO 部门的集团采购利润呈上升趋势，为集团贡献的销售额和利润率超过去年同期的 20%；

· 在行业里树立了良好口碑，客户的复购率和推荐率提升了 50% 以上；

· 精锐团队培养的人才也成为集团的高潜人才，60% 的人才被提拔，承担了更大的责任；

可以说，无论从业绩上，还是人才培养上，改善措施实施到位，甚至超预期完成了当初的目标。

〈 案例解析 〉

如何做好经营分析改善措施后的经验总结

看到这样的效果，马凯内心激动，咨询公司又问了他两个问题。

问题一：你觉得除了完成目标，经营分析改善措施还带给你什么收获？

马凯：这一年过得又苦又累，但克服了困难以后，回过头来发现，自己竟然在不知不觉中成长了。感谢遇到的这些事，感谢遇到的这些人。总之，收获太多，难以言表。

问题二：相信其他人也有和你类似的感受，那么以怎样的形式为这个项目收尾呢？

马凯：我觉得可以策划一场复盘会和经验总结会，大家聚在一起回顾整个过程，总结我们做得好的地方，发现不足之处，以及下一次我们怎样可以做得更好。

之后马凯就策划了一场精彩的复盘会和经验总结会。马凯带领大家一起复盘了一年来的过往经历，包括一些令人难忘的细节。他设计了以下两个环节。

·邀请其中几位重要参与人做个人分享，激励更多人；

·项目全员一起总结了成功和失败的经验，将其作为经验财富。

会议结束时，在这个项目中的每个成员都深受感动，因为不仅这个项目获得了超预期收益，自己个人也获得超预期收益。

在实务中常见的情况是，企业实现了最终目标，但企业没有把成功和失败的经验这些更为宝贵的财富保留下来。鼓励经营分析人员通过复盘会的形式总结经验。

VUCA 时代，环境日新月异，原先的问题得以解决，新的问题可能又会产生，PDCA 是一个持续循环的过程。经营分析人员如果能在变化中看到机会和风险，并善于总结经验教训，就可以从业财融合的后端真正走到前端，发挥更大的价值，做出更大的贡献。

运用系统工具提高
经营分析的效率

上一节的案例中提到马凯组织复盘会，讨论到不足之处和失败的问题时，反思后大家发现：改善措施在实施中，信息传递不及时易造成误解、沟通不畅，信息传递不及时是完成目标的阻碍点。

所以这一节我们将重点探讨，如何提升经营分析的效率，以及如何运用现代化工具提升效率。

首先厘清一个概念，效率不等于速度，其实真正跟效率有关的是速度、质量和成本。

效率 = 速度 + 质量 + 成本

在重视速度的同时，还要考虑另外两个重要因素即质量及成本。用低质量、高成本换来快速度是得不偿失的。所以在提升经营分析的效率上，经营分析人员不仅要关注时效性问题，而且要关注经营分析的质量，以及经营分析的成本管理。

如何提高经营分析的效率

业务部门抱怨经营分析提供得太晚，对业务起不到指导作用，要求更早提供。

除此之外，管理层认为，经营分析报告能反映现状，有助于迅速发现问题，便于决策，但是一个月提供一次报告，时间间隔太长，希望能每周甚至每天提供。

但这对时间、精力、能力的要求极高，有些经营分析无法如期完成，或完成了但质量水平达不到对方要求。业务部门和管理层不了解实情，对经营分析人员不满。

〈 案例解析 〉

如何提高经营分析的效率

企业对经营分析效率的要求是时效不断提前，保证质量，节约成本。但要明确量化这三个标准是很难的，尤其还要在此基础上，不断提升效率，更是难上加难。即使精细化管理非常成熟的企业，对此也没有清晰的标准，通常凭经验判断。

在实务中，不少经营分析人员面临各种需求，却难以应付和处理，难以达到平衡。

遭遇类似困境时，不如在需求和供给上运用破局思维，找到解决之道。经营分析人员应具备洞悉需求和共同协作两个关键能力。

·洞悉需求。经营分析人员首先要调整好心态和情绪，然后静下心来，倾听对方的需求，用同理心理解对方，洞悉对方真正需求，客观地做出判断。

·共同协作。在听懂的基础上真诚沟通，从协作的角度出发，探讨如何协同去满足客观需求，比如分工、配合、共同寻求内外部资源，在探讨中互相理解。

另外，值得深思的是，用洞悉需求和共同协作的方法可以解决提升效率的问题。这从侧面反映，有些问题表面上看是效率的问题，但本质是信任、沟通和合作问题。经营分析人员要能从业务部门和管理者的视角出发，去理解他们的真正需求，倾听他们的反馈意见。对方更在意的是，经营分析人员是否足够重视他们、是否在主动积极做出调整，而不是被动地应付他们。

这里想要补充一点，对于重要和紧急程度，经营分析人员也须具备自己的主观判断能力，从企业最重要的发展战略出发，把资源用在关键的地方。

如何运用现代化工具提升效率

互联网时代、数字化确实有助于我们进行数据分析，节约很多时间。但是，我们也被这些眼花缭乱的大数据搞得无所适从。

这里要强调：信息技术是工具，但信息技术不能代替你思考。对经营分析工作来说，信息技术是工具、手段和方法，目的是提升效率。只有理解了信息技术对于经营分析的真正作用和意义，才能运用好它们。经营分析人员须更清晰地认识到信息技术所能带来的作用和价值，而不是在信息技术上投入大量的时间和精力，试图找到企业经营分析的解决方案。

信息技术是建立在企业有了经营分析的思考力、有了逻辑分析模型基础上的延伸品。关于企业重视的数据库、数据分类、数据清洗原则、数据收集的颗粒度、投入产出比的定义、定性和定量原则等基础的思考，进行经营分析时一样也不能省略。关于模型的开发和应用、和业务部门详细的讨论、和管理层达成的共识等工作，进行经营分析时一点都不能含糊。这些思考、沟通和决策工作，都不是信息技术手段能取代的。

那么，信息技术究竟可以如何帮助效率提升呢？数字化的显著优势是：信息技术能承载更多的数据，拥有更快的计算速度和更强大的匹配能力等。除此之外，在经营分析方面，数字化的优势如下。

1. 可视化仪表盘

以前： Excel 和 Powerpint 展示列表 / 图。

现在： 可视化仪表盘（如图 7-1 所示）。

可视化仪表盘的优点：直观、美化、可视化更强。

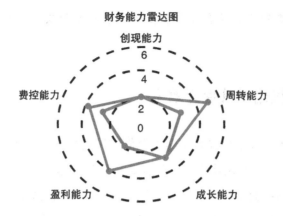

图 7-1 可视化仪表盘

图 7-1 说明了某企业五项财务能力的变化情况。这种动态的可视化图非常直观。

完成了线下建模思考和设计，才能在软件中完成建模，数据库更新整理完毕后上传，可视化仪表盘接收后呈现，报告使用者能很方便地读取他们想要的数据。经营分析人员运用可视化仪表盘获取数据的实时动态，帮助管理层随时掌握现状。

2. 权限管理，省时省力

以前：经营分析人员需要按照权限，拆分报表，发送报表给对应的人。

现在：只要在系统软件后台设置好权限，经营分析人员发出通知信息，报告使用者就可以直接读取权限内的相应报表，这为经营分析人员节省了大量发送邮件的工作时间。

以上描述是经营分析和现有信息系统相结合后的效果，企业可借鉴使用，投资要耗费成本，企业在决策前须清楚两点：

· 底层建模的经营分析工作是无法省略和避开的；

· 软件投资当期有购买和开发成本，以及还有长期投入的后期维护费用。

企业可视自身规模以及未来发展趋势，做出最合理的决策。当然，算法和数据运营将是大势所趋。信息系统是否能有效支持企业规模扩张，或能否帮助企业提升核心竞争力，这是企业领导者要深思的关键问题。

第 8 章 ≫

企业经营分析人才的
培养

➤ 从上一章的案例说起：

马凯又经过一年经营分析工作的磨炼，在咨询公司的指导下渐入佳境。之前被业务部门评价为：业务分析不得要领，对业务帮助不大。现在获得的评价是：在业务分析上不仅可以给予专业意见，还能支持及见证业务共同成长。马凯最终赢得了业务部门的肯定和管理层的称赞，在工作中找到了归属感和价值感。

马凯也惊喜地看到自身变化：原本的自己按部就班，缺乏自信，因为始终不得要领而对工作产生焦虑和抗拒；如今的自己沉稳自信，因掌握了经营分析的方法，对这个工作产生了浓厚的兴趣。深入业务后，他的跨部门沟通和协作能力得到提高，他不断尝试和突破，激发未知的潜能，而且他想要在这个专业领域扎根下来并不断精进。

企业自从开始进行经营分析后，管理层看到了企业的变化、经营分析人员的进步，也更加相信深度经营分析能帮助企业创造价值，同时也认识到经营分析人才培养的重要性。

对该案例的延伸思考

纵观我国企业的发展历程，早期企业一般采取粗放型管理，传统的会计报表和简单财务分析就能满足管理需求。但随着宏观经济的发展和市场竞争日趋激烈，越来越多的企业进入了精细化管理阶段，财务部门开始提供着重于风险和控制的经营分析报告。然而 VUCA 时代（特征详见第 1 章）来临后，深度经营分析成为企业提升核心竞争力和持续价值创造的管理方法和工具，帮助企业在瞬息万变的市场环境中生存下来。

伴随着企业对经营分析要求的不断提高，企业对经营分析人才求贤若渴，外聘的同时加大内部培养力度。企业培养人才并不容易，只有企业为人才营造合适的环境、培养人才的方法有效和人才自身愿意接受培养三者有效结合，才能培养出精锐人才。只有企业利益和个人利益一致，才能收获双赢效果。

好不容易培养出来的人才离开企业去外部寻找更广阔的天地，这是企业管理者不愿看到的。由于人才的忠诚度和敬业度难以测量，企业管理者常不可避免地陷入担忧，因为企业培养人才并不容易，这类人才还掌握着企业的机密，一旦人才流失，企业将遭受巨大损失。

针对以上现象，笔者提出四个问题供读者思考。

·如果你是马凯，该如何走上自己的经营分析专业化道路？

·如果你是管理层，该如何选拔和培养企业的经营分析人才？

·如何建立企业和经营分析人才的高度匹配关系？

·企业究竟是全力培养还是有所保留？如何留住经营分析人才，让其为企业长期发展创造价值？

本章会从能力模型、岗位要求、选拔培养、生涯发展四个方面重点探讨以下内容。

·如何让致力于经营分析领域的人才找到适合自己的学习地图，成为行业专才。

·企业中的经营分析岗位究竟该承担哪些职责，赋予哪些权力，才能使人才创造更大的价值。

·企业该如何选拔和培养人才，让人才成为企业最重要的资产。

·面对未来职业发展生涯，应用哪些认知思维帮助经营分析人员的能力提升。

经营分析所需的能力要求

〈 案例解析 〉

马凯决心在经营分析领域持续精进，下一步该往哪个方向努力呢

马凯希望能找到一套行之有效的方法，带着疑问，他找到笔者请教。笔者并未直接给予他答案，而是带着好奇心问道："你为什么想成为一名优秀的经营分析人员呢？"

马凯毫不犹豫地答道："这一年的经历让我体会到三点。**第一，经营分析工作既有挑战，又充满创造力；第二，做好了经营分析以后能为企业带来许多价值；第三，创造和价值这两个特征恰恰是符合未来发展趋势的，我希望未来能成为高价值人才，不被时代淘汰，做困难而正确的事情。**"

马凯又补充道："这个领域充满无限可能，值得长期投资，于是我内心就更加坚定要在这个领域持续精进。所以来请教下一步该怎么走。"

笔者接着提问："你想要成为的优秀经营分析人员，应该具备哪些能力？"

马凯认真思考后回答如下。

·**数字能力**。专业技术过硬，具备强大的数据处理和分析能力、数据建模能力，以及能适应未来的数字化技术趋势，比如利用信息技术画可视化图等。

·**处事能力**。具备制定计划和绩效跟踪能力、向各层级流畅汇报的能力、将改善措施落地的项目管理和运营能力。

·**业务能力**。具备团队领导力、沟通和协作能力。

笔者又问："你觉得自己离这个目标还有多远？"

马凯说："来请教之前还很迷茫，完全没有方向，但通过前面两个问题，回答了'为什么'和'是什么'之后，我发现我看清楚了目标，觉得它不再模糊和遥不可及。我把刚才想到的几个能力都写下来，发现其实我并不是从零开始，只需要聚焦这几个能力，找到差距并持续精进就可以了。"

笔者最后问："那么你会如何去缩小差距，并实现这个目标？"

马凯答："我会将他们理解透彻，找到合适的学习工具和方法，可以找课程和书籍、请教行业协会和专家等，制定学习计划表，然后就开始行动。"

结束时笔者拥抱了马凯，对他的回答给予了极大的肯定：他设定了自己想要成为优秀经营分析人员的目标，而且愿意为自己设定的目标付出行动。

当每个人清晰定义目标，认识到差距，制定行动方案并能付诸行动时，就能一步步实现人生目标。

关于如何提升经营分析人员的能力素质，将通过两个角度给予一些建议：其一，借鉴 IMA 管理会计师协会发布的《IMA 管理会计能力素质框架》，解读经典理论，拆解框架模型；其二，从实践角度，提炼出关键能力。

两者的本质理念相同，关键核心点也高度重叠。分两个角度介绍，目的是帮助读者产生不同感悟，为经营分析人员提供思路。

IMA 关于经营分析的能力框架模型解读

《IMA 管理会计能力素质框架》中与经营分析最紧密相关的是"商业敏锐度和运营"这个子模块，涵盖特定行业知识、运营知识、质量管理及持续提升、项目管理这 4 项能力。经营分析人员想要更长远的职业发展，应该熟悉并努力提升该能力框架涉及的 6 大模块 33 项能力。

笔者先让马凯阅读了《IMA 管理会计能力素质框架》（图 8-1），马凯看完感到疑惑："内容太多了，我应该从哪里开始着手呢？"

6 大模块

◆ 33 项能力

◆ 每项能力分 5 个层级

　　· 入门 - 初级 - 中级 - 高级 - 专家

　　· 每一级均注明其核心要素

图 8-1　《IMA 管理会计能力素质框架》

笔者在纸上画出一张图（图 8-2），帮助马凯在脑海里构建出一张学习地图。

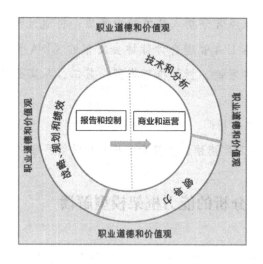

图 8-2　《IMA 管理会计能力素质框架》的学习地图

1. 可以先从内圈开始理解

·经营分析人员从最擅长的入手，用财务专业知识聚焦报告和控制，为企业保驾护航。

·逐步进入商业和运营，了解商业环境，深入业务，通过分析找到改善点，协同运营，为企业提供决策依据和价值创造。

2. 再向外圈逐渐拓展

·向上发展（高度），理解企业战略、规划、绩效管理，进行深度经营分析，从战略、战术、战绩层面为企业提供具备高度、深度、远度的专业分析。

·向前发展（速度），利用现代化信息技术，提升经营分析的效率和可视化程度。

·向内发展（力度），通过领导力，提高沟通和协作技能，提高经营分析的质量和效益。

3. 始终在外围内

时刻牢记职业操守，坚守正义，选择正确的道路；始终坚守正确的职业道德和价值观。

马凯看完后说：瞬间清晰许多，我过去 1 年主要着重于在内圈发展，未来除了在内圈继续精进，还要开始有意识地向外圈拓展。

该如何制定提升计划呢？建议将 33 项能力逐项拆解，深入体会每一项能力的要求。清楚自己目前处在哪一个层级，要进入的下一个层级是什么，并设计相应的学习计划。

〈 案例解析 〉

解读《IMA 管理会计能力素质框架》的要求

为了便于理解，用其中一项能力举例，即"商业敏锐度和运营"下的第一项能力：特定行业知识（见图 8-3；图 8-3 节选自《IMA 管理会计能力素质框架》）。

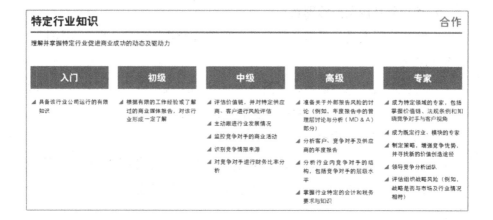

图 8-3　特定行业知识

第一步理解：先理解主旨，再由入门到专家。

每个行业都有其特性，企业在制定战略时必须要充分考虑行业的发展趋势，顺势而为。企业制度、日常行为活动、业务策略等和行业规则息息相关，经营分析是企业的晴雨表和助推器，所以经营分析人员必须具备充足的行业知识。

1. 从入门、初级到中级的转变

入门级或初级的经营分析人员仅对企业所在的行业有浅显的了解，比如可能了解工作中遇到的行业知识和商业媒体报告中的内容，比外行人知道得略多。

在这项能力上，要到达中级，经营分析人员要主动了解所在行业的价值链、行业发展趋势、主要竞争对手及其商业活动，并进行财务比率方面的分析，找到差异。

经营分析人员要从被动走向主动，从留在行业表层到真正走入行业里层，既要远观，从自己的企业看到整个行业，也要近观，找到企业的竞争对手并找到差异。

达到中级水平的经营分析人员应怀着开放、求知的心态，参加行业内重要大会，参加业务团队的会议，随业务人员拜访客户，结交行业内资深人士，在知识汲取上保持谦卑心态，多听多问，持续积累。

2. 通往高级和专家级别

持续主动学习和深入行业，逐渐形成自己对行业的判断和预测。对行业规则、价值链、客户产生自己的独到见解，进而对竞争对手有更清晰的分析和判断，能对行业趋势做出具备前瞻性的预测。

达到高级水平的经营分析人员具有大局观，在高度、深度、广度上对行业有全面的认识，比如从行业的历史着手研究，洞悉行业格局。

要成为该行业专家，除了收集足够多的信息，还要有自己的独特见解。只有储备丰富的综合知识，才能透过现象看本质，真正具备看懂行业、分析行业、预测行业的能力。《专业主义》[①] 一书中提到了先见能力、构思能力、讨论能力、适应矛盾的能力，能处理例行性事件的人只是专业技术人员，只有能处理例外性事件的人，才是真正的专家。

第二步规划：结合现状，识别自己处在第几级并说明原因，根据待进入的下一级，罗列关键要素，找出对应的方法，制定行动计划。

经营分析人员若认真做完第一步理解和第二步规划，最终会形成一份属于自己的学习地图。

后续： 马凯在指导下，在一周的时间内将 33 项能力细致解读，并客观地为自己打分，面对自己所在的层级，思考进入下一级的要点和方法，并制定出详细的行动方案；同时还在重要性程度和时间分配上做好规划，并制定学习记录表，准备将未来学习的成果完整记录下来。与笔者再次讨论后，他将这份属于自己的学习地图（表 8-1）略加补充，进一步完善了它。

---

① 大前研一 . 专业主义 [M]. 裴立杰，译 . 北京：中信出版社 .2015.

表8-1 马凯的学习地图（部分）

项目	模块领域	能力项	目前层级	目标层级	重点要素	马凯设计的学习方案	学习记录表
内容	商业敏锐度和运营	特定行业知识	初级2	中级3	（1）评估价值链，并对特定供应商、客户进行风险评估（2）主动跟进行业发展情况（3）监控竞争对手的商业活动（4）识别竞争情报来源（5）对竞争对手进行财务比率分析	（1）阅读行业报告，比如最近三年的行业蓝皮书、咨询公司发布的行业报告（2）从市场部和销售处了解竞争分析资料（3）参加每年的行业协会组织的会议或沙龙，请教行业资深人士（4）通过各渠道获取竞争对手的报表并进行对比分析	

IMA关于经营分析的能力框架模型，为经营分析人员提供了全面的指导。笔者补充以下几点：

- 具体的学习方案还需自己来设计，最了解你的始终是你自己；
- 在层级判断和方案规划上遇到问题时，及时寻求帮助；
- 增进内外交流，这是不断验证和完善学习地图的好方法。

从企业实践中提炼能力要求清单

经过上一节理论角度的思考，我们再从实践角度来思考能力要求。

〈 案例解析 〉

如何从实践角度，提炼出经营分析人员需具备的关键能力

笔者继续从企业实践角度辅导马凯。通过前面的启发，马凯已学会深

度思考，具有全局思维。

笔者对马凯说："我会给出3个问题，但它们仅仅只起启发作用，你可以代入自己的工作场景中，思考这个问题对你而言意味着什么。"

如何打通数字和业务？

马凯答道："我想到报表和分析。去业务现场收集收入、成本、费用、利润等数据并将其体现在报表中，由此就可以发现数字之间的关联性。"

笔者继续问道："要打通数字和业务，你觉得需要具备哪些能力？"

马凯回答："学习力、好奇心、洞察力和沟通力。"

如何构建数字化业务？

马凯回答："让数据分析为业务战略目标服务。思考业务场景、企业的战略规划，了解行业、市场和商业环境，凭直觉和经验做业务假设，再快速分析验证，比如收入的增长空间、降本增效的机会、流程精益的可能性、风险预估和应对措施的充足性。最终目标是构建出业务分析路线图。"

笔者继续问道："要构建数字化业务，你觉得需要具备哪些能力？"

马凯答："思考力、全局观、创新能力和影响力。"

如何实现业务优化？

马凯答道："业务优化就是企业各部门把上一步构建的业务改善，努力变成可进一步提升的落地过程。从知到行，再到最终落地，企业不仅创造出高附加值的产品和服务，也由此创建出优质的管理体系。在行业激烈竞争中，业务优化才是立足于行业的核心要素，而经营分析人员是整个过程的领航员和推动器。"

笔者由衷地赞赏并问道："要实现业务优化，你觉得需要具备哪些能力？"

马凯说："执行力、抗挫力、决策力、团队协作力和项目管理能力。"

他的理解如下。

·从财务报表出发，在业务中找到与财务报表中的数据相关联的业务、生产、运营、绩效场景，弄明白数据在场景中是如何发生的；

·通过深度的数据分析思考业务场景可以进一步改善的空间；

·通过战略规划思考如何使产品和服务具有高附加值，创新是企业保持竞争力和价值创造的关键；

·研究行业的趋势和政策，使企业能顺势而为，做好充足准备，在未来面对挑战时能化风险为机会。

以上就是马凯对业务场景和经营分析结合的理解，即"业财融合"。马凯把关键词逐一写在了纸上并制作成表，如图8-4所示。

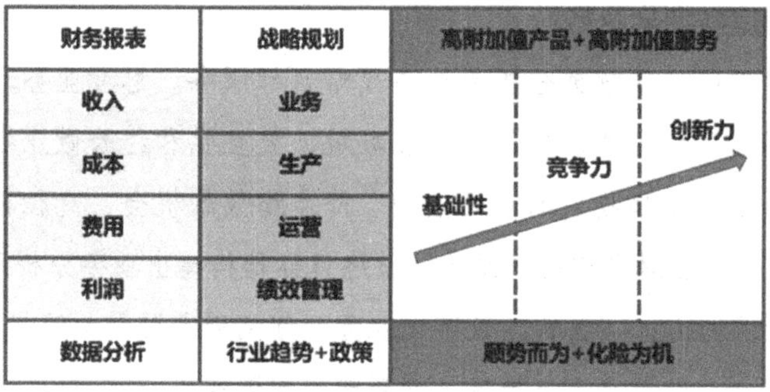

图8-4 财务报表与战略规划结合

本节主要阐述了如何通过《IMA管理会计能力素质框架》找到学习路径，再尝试在实践中运用各种知识，提升经营分析人员的思考力和领悟力。

马凯具有高度的自我觉察能力，在问题的启发下找到了属于他自己的学习工具和方法，形成了适合他自己的学习地图。每个人的实际情况和思考方式不同，不需要追求也没有所谓的标准答案，期待每个经营分析人员从中获得启发，尽早构建出专属于自己的学习地图。

经营分析岗位的
职责要求

马凯所在的 G 集团，过去并不重视经营分析的岗位设置，也未明确岗位权责。虽然过去管理层督促经营分析团队做数据分析，但分析停留在技术层面，对业务的渗透和挖掘不够深入，发挥不了数据的巨大价值。现在经营分析团队的整体水平有了提高。

其一， 经营分析团队转换思路，通过深度经营分析，精准定位业务需求，在业务中体现数据价值；

其二， 有目的、有逻辑地整理数据，不是堆砌数据，而是让数据分析为战略业务目标服务，支持管理层做出决策；

其三， 推动经营分析决策落地，提升各部门的数据化思维能力，使数据分析真正为企业创造价值。

管理层看到深度经营分析给企业带来的一系列变化，故决定进一步深化经营分析的影响力。只有权责分明，才能帮经营分析团队在企业中发挥更重要的作用。管理层做出上述战略布局后，继而产生了以下疑问。

第一， 如何确定经营分析岗位的职责？

第二， 如何明确经营分析人员的权力？

8.1 节从个人出发，说明经营分析人员走上专业化道路所需要具备的能力要素。本节将从企业方出发，说明如何确定经营分析人员的岗位职责，以及如何明确经营分析人员的权力。

经营分析岗位的职责

本书第 7 章提到，经营分析的主旨就是要找出业务存在的问题，提出改善措施，支持管理层做出决策，帮助业务部门改善，为企业创造价值。但是具体到定岗定编，很难界定岗位责任。困难在于如果定得太笼统，岗位人员就很难实操；如果定得过于细，则会形成跟所有部门关联的岗位，缺乏实操的可行性，岗位人员将难以抓住重点。经营分析须紧跟企业的内外环境变化，灵活创新，故经营分析岗位的职责不应制定得过于固化。

〈 案例解析 〉

如何设置经营分析岗位职责

设置岗位职责时，可以分为两部分：经营分析如何支持实际业务及具体的技能要求描述，即从"具体做什么"和"怎么做好"两个维度下定义。举例如下（表 8-2）。

表 8-2 销售业务经营分析岗位职责

销售业务经营分析岗位		
岗位内容（具体做什么）	销售目标分析	根据战略目标，能从多渠道收集和分析市场情况，提出销售额、市场占有率总目标，以及分销售人员、销售区域和客户维度的具体竞争力目标，并对目标进行可行性论证
	销售滚动预测	能根据经营节奏，定期将实际销售数与预算目标进行对比，识别差异，并提出改进预案，促进销售目标的达成
	销售业务分析	对价格控制（定价策略）、销售费用、促销方案、商务政策（销售返利）等进行分析，提出改善预案，提高销售的毛利率
	周转天数分析	通过分析产成品库存（企业库存和渠道库存）、应收账款的周转天数，提出改善建议，提高资金的使用效率

续表

销售业务经营分析岗位		
能力要求（怎么做好）	商业敏锐度	了解影响销售业绩的关键因素，通过对市场信息的把握，在完成业务目标、执行流程、满足客户要求方面识别出异常情况，抓住机会
	判断和决策能力	在信息充足的情况下，能够衡量多种方案的利弊（如销售折扣方案等），合理全面地判断风险和收益，进而做出决策建议
	影响力	能清晰、准确、及时地传达信息，满足业务人员对分析的需求，通过实质性的建议和行动预案影响销售人员的决策，通过跨部门协调支持业务改善

以上示例仅供企业参考。由于企业性质不同、发展阶段不同、战略不同、组织架构不同等因素，企业对于经营分析的要求差异很大。企业须根据自身业务的具体情况和场景，突出战略重点，制定与自身匹配的经营分析岗位职责。除此之外，当企业战略发生变化、环境条件发生变化时，经营分析的重点和要求也须随之而变，企业要及时更新和调整岗位职责。

经营分析岗位的权力

一位经营分析人员认为，经营分析人员没什么实权，只能提出发现的问题，等管理者自己去决定；提出改善措施，但不能过问业务部门究竟改没改，自己根本没权力要求业务部门改变。总而言之，没有实权，也就无能为力。

这名经营分析人员将经营分析人员和业务部门放在了对立面，他把业务开展不顺利都归究于手中没实权。

一些企业管理层认为，经营分析人员毕竟不属于领导部门，属于支持部门，对其授予实权存在顾虑。如若真授予实权，可能引起业务部门不平衡，认为支持部门凌驾于业务部门之上，会打击开展业务的积极性。

关于权力，经营分析人员、管理层、业务部门各有看法，很难达成一致。但管理层对于经营分析所能产生的效益和价值，是有切实体会的。故本节试从企业视角分享观点，以期给读者带来不同思考。

经营分析岗位的权力，于管理层而言是重视度，于经营分析人员而言是影响力。

1. 企业管理层的重视度就是权力风向标

管理层如果真正认识到经营分析可以给企业带来价值，就需要借助各种渠道宣传，使企业全员了解经营分析的作用，促使各部门学习数据思维，思考如何利用经营分析结论完善业务流程。

另外在实操上，经营分析成果要顺利落地，可以按复杂性单独立项，指派经营分析人员作为项目经理，组建项目团队，跨部门协作，推动项目执行。这时候可以赋予经营分析人员（即项目经理）实权，有利于确保改善项目最终成功交付、效益最优化和宝贵经验固化。

企业在授权方面应具灵活性。只有管理层下决心提升全员对经营分析的接纳度和配合度，以及数据化的经营意识，才能为经营分析的开展创造有利条件。

2. 企业中经营分析人员的影响力就是权力

经营分析人员要从业务部门的角度思考，使对方感受到，经营分析人员的专业水平能为业务部门带来真正的价值创造。只要经营分析人员自身能力过硬，又能支持业务部门，业务部门自然会配合经营分析人员开展工作；如果经营分析人员能力欠缺，即便手里掌握实权，业务部门也只会表面应付。

所以经营分析人员应扎根于企业内部，深入业务团队。权力并不是单纯由岗位赋予的，而是经营分析人员凭借贡献和创造的价值换来的。

最后，建议经营分析人员慎重看待权力，人会被权力吸引，也会因为权力的不确定性感到不安。在工作中获得的权力往往不容易掌控：用不好它，它会吞噬你；用好它，才会助你事半功倍。权力多大，责任就多大，经营分析人员一旦拥有权力，需谨言慎行，珍惜企业给予的信任，用自身实力为企业创造价值。

经营分析人才的
选拔和培养

马凯所在的 G 集团希望能建设一支高效的经营分析团队。企业提出了以下问题。

·如何选拔合适的经营分析人才？

·如何培养高潜能的经营分析人才？

·如何使经营分析人才发挥出最大作用？

·如何保留住企业努力培养出的经营分析人才？

关于经营分析的人才选拔和培养，笔者给 G 集团提供了一些建议，包括选才、育才、用才以及留才四个模块。人才培养并不是一蹴而就、立竿见影的事情，而是一个长期投资的过程，管理层需要决心和耐心。

本节将重点探讨可通过哪种渠道获得人才、企业如何选才、人才在不同阶段的培养方式，以及企业如何用好人才以实现企业的发展战略。

比较经营分析人才的获得渠道与选才方法

经营分析人才是企业的财富。人才可以通过外部招聘和内部培养获得。

一、内部培养优于外部招聘

内部人才一般认同企业价值观，已深入了解企业各方面，已建立起和各部门的信任关系。留下来的内部人才，其对企业的熟悉度和信任度显然优于外部招聘人才。

经营分析人员要（1）认同企业价值观；（2）了解企业具体情况，包括：企业经历的大事件、企业文化、战略、组织架构、流程制度、产品业务、市场环境、行业政策等；（3）在和各部门协作中，经营分析人员与业务部门的关键人员已建立信任关系，这对经营分析工作可谓事半功倍。而外聘人员在这三个方面就要花费相当多的时间和精力。

外部招聘也并非无任何优势。外部人才可以为团队注入新鲜血液，引入其他企业的先进经验。如果各项综合能力和企业的匹配度较高，也可以尝试吸纳外部人才。**处于高速成长期的企业，由于发展速度较快，内部选拔和培养可能无法跟上企业发展速度，就可以考虑采取更为灵活的措施，利用外部渠道吸纳人才，快速填补人才空缺。**

二、客观深入、慎选人才

企业在用人决策上应比其他决策慎重，因为用人决策影响深远。企业应采取一系列科学严格的选拔方法，通过客观深入地考查，选拔可靠人才，降低用人风险。建议方法如表8-3所示。

表8-3　人才选拔方法

评估岗位匹配度	评估个人特质匹配度
·教育背景 ·工作经验 ·技能与能力 ·培训经历 ·特殊（按企业具体情况）	·性格 ·处事风格 ·自我发展规划 ·技术能力 ·综合工作经验
可安排几种能力测试	**可安排几种人才潜力测试**
·理解力、逻辑思维能力 ·沟通能力、表达能力 ·管理能力 ·决策力、解决问题的能力 ·灵活应变、创新能力 ·抗挫能力	·职业心理测试 ·领导力测试 ·盖洛普优势测试

企业平时不但要注重人才选拔，还要重视人才储存，不要让高潜能的人才外流，要有发掘高潜人才的意识，对其进行多方面的细微观察。高潜人才常表现出的特征有以下几个：

- 强烈的学习意愿，进步明显；
- 主观能动性强，态度谦虚，理解他人；
- 有奉献精神，处事不计较；
- 团队合作意识强，与团队高效配合；
- 能够分辨工作的轻重缓急，责任心强。

虽然内部选拔的人才可能欠缺经营分析的专业能力和经验，但人才的其他综合素质匹配度高，只要尽快提升专业能力，这类人才能很快适应经营分析岗位，黏性强，所以企业要尽早开展优才计划以储备人才。人才是未来企业处于竞争优势地位的强大助力。企业重要的两大价值抓手：其一，优质的产品；其二，优秀的人才。

经营分析人才的阶段培养

当高潜人才被企业吸纳后，企业应尽早建立一套科学系统的方法，培养人才。

人才培养四要素（见表 8-4）。

表 8-4　人才培养四要素

项目	1	2	3	4
内容	经营分析人员的目标和意愿	企业培养人才的一系列方法	企业创造的培养空间环境	企业管理层培养人才的决心和格局

无论从外部招聘，还是内部提拔，经营分析人才的目标和意愿必须明确。

由于企业后期投入大量的培养成本，所以首先要选择对的人。经营分析人才的目标和意愿可能随着企业环境变化、个人成长变化而发生相应的变化。企业管理层要保持高度的关注度和敏感度，避免出现人才出走还不自知的尴尬现象。

企业在人才培养上要重视提供内外部培训学习机会和创造实践机会。

员工经过培训和各类学习，将知识转化为技能，在实践中磨炼，通过实际经验积累，提升绩效和实现成长。育才不可能一蹴而就，需要长期投资和保持耐心。企业需要不断复盘，关注人才学习和实践的进展，不可放任不管。

企业管理层注重创造培养空间。

一方面要在内部宣传经营分析的重要性，倡导企业价值观，为经营分析人才提供舞台；另一方面要给人才时间和空间去学习，以及付出必要的试错成本。如果理所当然地认为，人才找到了、团队组建了，就必须快速出成果，用高标准要求经营分析团队，那么在如此高压力下团队可能会表现得越来越差，久而久之团队不稳定，人才更易流失。

培养期间，应设定合理的目标，分阶段考核（见表 8-5）。

可以以月度（或季度）为周期进行考核，再综合个人目标加团队目标结合的方式、自评加他评的方法，以及合适的激励机制，（这是对人才认可和鼓励的更有效方式）进行考核。企业按照自身特点建立合适的考核机制。从知人选才到任人唯贤，坚持公平的用人原则。在这个阶段企业还需关注人才的心理变化，及时安抚焦虑情绪，多给正面鼓励，增强人才信心。

表 8-5　分阶段考核要求

考核类型	初阶	中阶	高阶
数据分析	常规数据分析及差异发现，进一步分析	数据分析时，找到差异背后的真正原因，并提出建议措施	通过数据分析发现问题，能组织讨论，促进经营分析决策，并协同业务部门一起执行

考核类型	初阶	中阶	高阶
沟通能力	正确接收对方信息，表达及时准确，简洁清晰	高效组织语言，洞察对方需求，努力达成共识	高效表达，洞察和协调对方需求，快速达成共识，引发思考
处事能力	高效执行任务	有效组织人员及准时交付任务	任务规划、高效组织、成功交付引发对下一阶段任务的探讨
汇报能力	准确书写、详细汇报工作内容	有效表达工作内容，向上汇报得当	精准表达和向上汇报工作内容，同时引发深度探讨

　　培养人才过程中，企业一方面要多鼓励人才勇于尝试，给予他们试错的机会，通过客观反馈帮助他们看到不足之处；另一方面给他们适当的压力，促使他们发挥潜力，同时给予正面激励，使他们看到自己的进步和价值。这是一个呈螺旋式发展的过程，人才在不断接受新挑战，不断提高自身素质。在这个过程中，企业也要加强对人才的跟踪和指导。

　　人才发展目标和企业发展趋势高度匹配，才能使人才发挥最大效能，实现企业的发展战略。从企业人才发展策略的角度，设定和调整目标，提供有效的职业发展通道和良好的发展平台，才能将企业利益和个人利益紧紧联系在一起，当两者利益一致时，最终达到个人与企业的双赢局面。

　　人才和企业是彼此成就的关系。人才唯有在企业中才能发挥出价值；而企业需要通过不断培养人才，让人才为企业创造价值，才能基业长青。人才要懂得感恩培养自己的企业，企业要珍惜人才，不能视培养的人才为企业私产。唯有彼此互相信任、互相感恩，才能建立一段好关系，共同陪伴和成长。

　　要留住人才，最重要的是留住心。企业应为人才提供施展的舞台，满足人才追求理想、实现自我等高层次需求。这需要管理者有长远的眼光和格局。这也是企业最终能留住高潜能核心人才，使其长期服务于企业的重要秘诀。

经营分析人才的职业发展

回顾马凯的飞速进步经历，他是怎么做到的呢？

·他参考了 IMA 管理会计师协会发布的《IMA 管理会计能力素质框架》，形成了自己的学习地图，并且认认真真地朝着目标奋斗，遇到问题及时请教，每个月都会优化自己的学习地图。

·实践中认真贯彻能力清单，他每周都会写一篇关于经营分析体会的工作日志，通过理论和实践的结合提炼出自己独特的心得。

·在和业务部门协作过程中，他不断宣传数字支持业务的思想，提高业务部门的接受度，也倒逼自己不断精进。

看到马凯巨大的变化，笔者肯定了他的努力和进步，并问道："除此之外，还有什么新的发现和收获吗？"

马凯想了想后说道："最让我感到意外的是，我发现边学习边工作，自己的内心发生了微妙的变化，现在看待问题、处理冲突、组织讨论等，比以前更笃定了。我也收到身边的人对我的反馈，大家都认为我进步很大，我觉得这一年是进步最快的一年，虽然遇到很多困难，但一路走下来后，感觉充实，一切都值得。"

马凯继续问："未来的我还须做哪些努力？我想知道未来的职业发展如何。"

笔者微笑着说："建议持续保持自己的学习力和觉知力。未来，一切皆有可能！"

下面将探讨经营分析人才的职业发展。高潜能人才随着能力不断提升，在企业中可以从基础到中层，再到高层，甚至到决策层（图 8-5）。

图 8-5　职业发展的空间

经营分析的特殊性使人才能接触企业的各部门，对于人才的综合性能力要求极高。一旦人才达到专才水平，就能为企业创造极大的价值，从而可在企业中担任重要的职位。

本节将从经营分析人员的内在出发，探讨如何用成长性思维来保持学习力和觉知力，下面的小节中也会讲解工作对于人生意味着什么，如何在工作中获得成就感和幸福感。

经营分析人才的成长性思维

经营分析岗位极具特殊性，充满机会，也充满挑战。读者或许能从马凯的故事里得到启发。如果经营分析人员选择按部就班，则很难有所作为。经营分析人员唯有做到充分准备，具备灵活思维、良好心态、创新意识，才能应对各种可能发生的意外及有所突破和创新，为企业带来更大的价值。

如何才能做到呢？建议摒弃固定型思维，培养成长性思维。

具体而言，表 8-6 列出了一些经营分析工作中不同场景下出现的想法，看一下固定型思维和成长性思维的人会产生怎样不同的观点。

表8-6　经营分析人员固定型思维和成长性思维对比

项目	固定型思维	成长性思维
内容	我只擅长数字分析，不善于跟人沟通	我看到自己沟通上的不足，我更需要锻炼自己的沟通能力
	销售比我们懂业务，我说的他们怎么会听	从财务角度看业务，我可以分析不同视角下的观点，可能对业务有帮助
	我也不确定业务部门是不是能接受这些改善措施，很可能他们会拒绝，人都是不愿意改变的	业务部门不愿意接受改善措施是可以理解的，我需要和他们做更多的沟通，帮他们看到改善后可以带来的益处
	竞争对手比我们强好多，我们能做成这样已经可以了	竞争对手比我们强的地方，是否可以学习；竞争对手不足的地方，是否是我们的强项
	行业政策给我们带来了极大的影响，业绩不好，也很正常	行业政策不利对所有企业都有影响，我们是否可以积极找出其他帮助业绩提高的因素
	我们的产品是最好的，客户不选择是他们的问题	要理解并分析客户不选择我们产品的真正原因，才能让我们更贴近客户，满足客户的需求是我们的最大动力
	企业的流程是最好的，现在人多了，流程运作起来没有那么顺畅，可以理解	流程并不是不可改变的，我们应该不断地完善
	我准备这么执行管理层的决策，其他部门不配合、不执行，我也没办法	我可以倾听其他部门不愿意配合管理层决策的原因是什么，思考我还能做些什么
	我的经营分析是有道理的，可以对企业产生价值，企业没理解、不采纳，是他们不懂	企业没有采纳我的经营分析结果的原因是什么，我还可以做哪些努力

对比发现，固定型思维的人总是以保护自己和证明自己为目标，在工作中、个人关系中，时刻强调证明自己的智力、能力、个性以及特征，生怕别人看见自己的不足或者知道自己处于不安全的处境，总会寻找一些借

口来保护自己，在困难面前更容易妥协和放弃，习惯向外归因。

而成长性思维的人自信、谦虚、坦诚，有着利他之心。即使他们感到沮丧，他们也会准备好直面挑战，继续奋斗。即使事情发展不顺利，也拥有想要提升自己并坚持不懈的激情，这就是拥有成长性思维的人的标志。这种思维模式让人们在面对重大挑战的时刻，依然可以茁壮成长。

思维模式深深扎根于我们的成长过程中，内化为心理机制，因此我们很难跳出思维的框架去反思自己是如何思考的。建议经营分析人员培养成长性思维。

《终身成长：重新定义成功的思维模式》①作者卡罗尔·德韦克告诉我们：**"改变也许艰难，但我从未见谁说过不值得。你会拥有以前不曾拥有的东西，体验到以前不曾拥有的感觉。我因为这种思维模式而拥有了不同以往的工作感受，获得更加丰富的工作成果。因为这种思维模式，我成了一个更积极、更有勇气、更加开明的人。"**《终身成长：重新定义成功的思维模式》中关于两种思维的不同观点和结果如表 8-7 所示。

表 8-7　两种思维不同的观点和结果对比

情景类型	固定型思维	成长性思维
遇到挑战时	避免挑战	迎接挑战
遇到阻碍时	自我保护或轻易放弃	面对挫折时坚持不懈
对努力的看法	认为努力是不会有结果的，会导致更坏的结果	认为熟能生巧
对评判的看法	忽视有用的负面反馈信息	从批判中学习
他人成功时	感到他人的成功对自己造成了威胁	从他人的成功中学到新知，获得灵感
结果	他们很早就停滞不前，无法取得成就	他们能取得很高的成就

---

① 德韦克.终身成长：重新定义成功的思维模式 [M].楚祎楠，后浪，译.南昌：江西人民出版社，2017：308–309.

固定型思维模式者仅有专业技能，或许能取得暂时的成功，但无法维持成功。未来想要达到巅峰状态，需要培养成长性思维，持续不断地努力。成长性思维模式至关重要，它影响我们面对失败的复原力、面对挑战时的承受力。偶然得来的成功并不可靠。了解自己的思维模式并有意识地做出相应调整，才会更有把握获得并保持成功。

稻盛和夫[①]先生在"思维方式 × 热情 × 能力"方程式中，规定热情和能力的打分是从 0 分到 100 分，但思维方式是从负 100 分到正 100 分。不管热情和能力得分多高，只要思维方式是负数，最终结果就是负数。如果思维方式为负值，人生会转向负面；如果思维方式是正值，人生会转向正面。

经营分析人才在工作中悟道的要点

人生中很漫长的一段时间我们都需要工作，那么该如何和工作长期相处？特别是经营分析人才未来走到高层、决策层后，面临的挑战更困难，甚至每天都需要做出大量的关键决策，身心都将受到极大的考验。他们可能会思考，工作对于人生到底意味着什么。

《在工作中悟道》[②]一书带给我们很好的启发，在此归纳整理出大部分人在工作中可能经历的五个阶段，帮助读者思考如何赋予工作更高层次的意义。

1. 期待

我们总希望工作中通过付出获得合理回报，找到成就感，工作令人生更幸福，所以我们每一天都不敢倦怠，生怕失去我们现在拥有的，害怕"被挤下去"。当每一个困难出现时，我们会如临大敌，卯足了劲，打败它，此刻觉得自己无比强大和成功。当没有困难时，我们会警戒四周，不敢松懈，害怕突如其来的意外降临，害怕胜利果实被别人抢走，我们甚至于对

① 稻盛和夫.心：稻盛和夫的一生嘱托 [M].曹寓刚，曲岫云，译.北京：人民邮电出版社,2020:118.
② 卡罗尔.在工作中悟道 [M].孔祥林，王沁，译.北京：中国青年出版社,2010.

周边的人和事都保持着怀疑的态度，不相信任何承诺。我们以为只有这样，才能在工作中获胜，找到安全感，成就感和幸福感，掌控一切。

2. 沮丧

我们长期处于这种备战状态下工作，越发感到工作就是苦难，负面情绪裹挟着我们。上司给我们指标和任务压力，下属不努力不听话，客户各种不合理要求，竞争环境恶劣，我们无法控制各种变化因素，一个个麻烦和障碍每天都在工作中突如其来，各种纷乱充斥着工作的四周。陷入工作的混沌中，气馁，失望，无力感。

3. 挣扎

我们对工作产生抵抗，想要逃避，祈祷能逃离这一切。每天的不确定性依旧纷至沓来。我们和工作所有的抵抗变得徒劳，我们在和自己心目中理想的工作做抗争，一切事与愿违，最后我们变得泄气，败下阵来。

4. 转念

假如我们愿意停下来，工作中出现的所有，并不是麻烦，而是邀请我们走向真正的智慧，我们是否愿意改变对于工作的定义？当放下抵触的内心时，我们的心开始放松下来。当困难再来临时，我们面对它，而不是选择躲避，当不同的意见过来，我们选择静心倾听，当冲突出现，我们选择合作，巧妙处理，而不是抗争或搁置漠视。原来工作从来不是来为难我们的，反而是我们自己把它看作成"为难我们的对手"。

5. 接纳

我们愈加能够高度的内观，睿智的工作，从而走上智慧之路。我们不再为工作而挣扎，而是探索这片领域里面给我们带来的每一次修炼，可能苦行，可能艰巨，我们更加清醒，工作给我们带来的成就感到底意味着什么。我们在工作中更加自律，敬畏和专注。

我们开始学习"在工作中悟道"，我们无法改变这个事实，即工作中随时会面对挑战，充满不确定性，过去的我们为了能快速应对和达成目标而疲于奔命。当我们学会把握时机，运用巧思，透过现象看到本质，运用创造性的想象打破僵局，就能够建起更多的沟通桥梁，而这些能力不可能在疲于奔命中建立，而是在慢下来后才能慢慢领悟出来。工作使我们变得更好，提升了价值，开阔了视野，我们变得更加开放，灵活，豁达。

本书写到最后，回到本书的主旨"商业本质"的背后，一定是人心本质，守正择善。本书希望能启发经营分析人员更新过往的认知，引发更多的思考，用成长性思维为企业开拓新的未来；最终从"打磨专业技能"到"从工作中悟道"，为企业创造价值，更为自己的人生创造价值，最终实现自己的人生意义。